Manual de Semântica
noções básicas e exercícios

Conselho Acadêmico
Ataliba Teixeira de Castilho
Carlos Eduardo Lins da Silva
Carlos Fico
Jaime Cordeiro
José Luiz Fiorin
Tania Regina de Luca

Proibida a reprodução total ou parcial em qualquer mídia
sem a autorização escrita da editora.
Os infratores estão sujeitos às penas da lei.

A Editora não é responsável pelo conteúdo deste livro.
A Autora conhece os fatos narrados, pelos quais é responsável,
assim como se responsabiliza pelos juízos emitidos.

Consulte nosso catálogo completo e últimos lançamentos em **www.editoracontexto.com.br**.

Márcia Cançado

Manual de Semântica
noções básicas e exercícios

Copyright © 2012 da Autora

Todos os direitos desta edição reservados à
Editora Contexto (Editora Pinsky Ltda.)

Montagem de capa e diagramação
Gustavo S. Vilas Boas

Preparação de textos
Daniela Marini Iwamoto

Revisão
Poliana Magalhães Oliveira

Dados Internacionais de Catalogação na Publicação (CIP)
(Câmara Brasileira do Livro, SP, Brasil)

Cançado, Márcia
Manual de Semântica : noções básicas e exercícios /
Márcia Cançado. – 2. ed., 6ª reimpressão. – São Paulo :
Contexto, 2025.

Bibliografia.
ISBN 978-85-7244-722-5

1. Linguística 2. Português – Semântica 3. Semântica I. Título

12-04547   CDD-401.43

Índice para catálogo sistemático:
1. Semântica : Linguagem e comunicação : Linguística   401.43

2025

Editora Contexto
Diretor editorial: *Jaime Pinsky*

Rua Dr. José Elias, 520 – Alto da Lapa
05083-030 – São Paulo – SP
PABX: (11) 3832 5838
contato@editoracontexto.com.br
www.editoracontexto.com.br

Para Emmanuel, Henrique e Frederico.

Sumário

Apresentação 11

PARTE I: O QUE É SEMÂNTICA 15

A investigação do significado 17
    A investigação linguística 17
    Semântica e Pragmática 18
        Uso, menção, língua-objeto e metalinguagem 20
    Objeto de estudo da Semântica 21
        Composicionalidade e expressividade das línguas 21
        Propriedades semânticas (e pragmáticas) 23
        Referência e representação 27
    Exercícios 28
    Indicações bibliográficas 28

PARTE II: FENÔMENOS SEMÂNTICOS E A ABORDAGEM REFERENCIAL 29

Implicações 31
    Implicações ou inferências 31
    Hiponímia, hiperonímia e acarretamento 32
        Exercícios 35
    Pressuposição 37
        Exercícios 44
    Indicações bibliográficas 46

Outras propriedades semânticas **47**
   Sinonímia e paráfrase 47
      Exercícios 51
   Antonímia e contradição 52
      Exercícios 55
   Anomalia 57
      Exercícios 59
   Dêixis e anáfora 59
      Exercícios 63
   Indicações bibliográficas 63

Ambiguidade e vagueza **65**
   Os vários significados das palavras 65
      Ambiguidade *vs.* vagueza 66
      Exercícios 69
   Tipos de ambiguidade 70
      Ambiguidade lexical 71
         Homonímia 71
         Polissemia 71
         Ambiguidade ou vagueza com preposições? 73
         Outro caso: vagueza ou implicatura? 75
      Ambiguidade sintática 76
      Ambiguidade de escopo 78
      Ambiguidade por correferência 79
      Atribuição de papéis temáticos 80
      Construções com gerúndios 81
      Ambiguidades múltiplas 81
      Exercícios 83
   Indicações bibliográficas 84

Referência e sentido **87**
   Referência 87
      Sintagmas nominais e tipos de referência 89
      Problemas para uma teoria da referência 91
      Exercícios 93
   Sentido 94
      Argumentos de Frege favoráveis à utilização do sentido no significado 97
      Exercícios 101
   Indicações bibliográficas 102

Parte III: Fenômenos semânticos e a abordagem mentalista 103

Protótipos e metáforas 105
    Protótipos 105
        Representações mentais 105
        Conceitos 106
        Condições necessárias e suficientes 107
        O conceito de protótipos 108
        Exercícios 111
    Metáforas 111
        Características das metáforas 114
        Influência da metáfora 116
        Esquema de imagens 117
            O esquema do recipiente 117
            O esquema da trajetória 119
        Exercícios 119
    Polissemia 120
        Preposições 120
        Exercícios 122
    Indicações bibliográficas 122

Papéis temáticos 125
    O que são papéis temáticos? 125
    Tipos de papéis temáticos 127
        Exercícios 129
    Problemas com as definições de papéis temáticos 130
        Exercícios 132
    Papéis temáticos e posições sintáticas 133
        Exercícios 135
    Estrutura argumental dos verbos 136
        Exercícios 138
    Motivação empírica para o estudo dos papéis temáticos 139
        Exercícios 140
    Indicações bibliográficas 141

Parte IV: Fenômenos do significado e a abordagem pragmática....143

Atos de fala e implicaturas conversacionais 145
    Teoria dos atos de fala 145
        Sentenças não declarativas 146
        Os atos de fala 146
        Condições de felicidade 148
        Exercícios 149

  Implicaturas conversacionais 150
    Inferências 150
    Implicatura conversacional 152
      Violação das máximas... 155
      Características das implicaturas 157
      Ambiguidade das implicaturas... 158
    Exercícios.. 159
  Indicações bibliográficas... 160

Respostas dos exercícios...161

Bibliografia...187

A autora...191

Apresentação

Apresento aos leitores a terceira edição do *Manual de Semântica: noções básicas e exercícios*, agora de casa nova: a Editora Contexto. Esta nova edição não traz diferenças básicas em seu conteúdo geral, mas foi revisada segundo a nova ortografia e também apresenta algumas revisões no texto e nos exercícios, feitas no decorrer do uso deste livro em minhas aulas de Semântica. Espero que as mudanças apresentadas nesta terceira edição tornem este manual mais acessível a um maior número de professores e de estudantes de Letras, iniciantes na Semântica, de todas as partes do Brasil.

Nesta terceira edição do *Manual de Semântica*, devo acrescentar alguns agradecimentos. Primeiramente, à Editora Contexto, em especial ao professor Jaime Pinsky, pela forma atenciosa com que me recebeu na editora e me apoiou nesta nova edição.

Devo também agradecer a três colegas que escreveram resenhas críticas das primeiras edições do manual: Milton Francisco (UFAC) e Gabriel Othero (UFRGS), sobre todo o livro, e Luis Arthur Pagani (UFPR), especificamente sobre o capítulo em que trato de ambiguidades. Na medida do possível, as observações feitas por Francisco e Othero foram incorporadas a várias partes do livro, e as de Pagani foram introduzidas especificamente no capítulo "Ambiguidade e vagueza".

Deixo aqui, novamente, os meus agradecimentos aos órgãos e às pessoas que colaboraram na produção da primeira edição deste livro. Agradeço aos meus ex-orientandos: Fábio de Lima Wenceslau, Luciana Coelho, Luisa Godoy, Ludmila Bemquerer e Larissa Ciríaco. Agradeço aos professores Mário Alberto Perini (UFMG) e José Borges Neto (UFPR). E agradeço à Prograd/UFMG pelo apoio financeiro na fase de elaboração do livro.

Agradeço, finalmente, a todos os meus alunos dos cursos de Semântica, até o momento, que sempre me trouxeram sugestões e mesmo revisões no decorrer da elaboração e no uso das primeiras edições deste livro.

E retomo, novamente, a primeira apresentação do manual.

A ideia de escrever este livro surgiu da minha experiência didática, como professora de Semântica nos cursos de graduação e de pós-graduação da Universidade Federal de Minas Gerais. Ao longo desse tempo, pude perceber a carência de material didático para o aluno brasileiro que se inicia no estudo da Semântica. Um material cujo conteúdo fosse bem introdutório, já que é o primeiro contato que o aluno de graduação, e muitas vezes o de pós-graduação, tem com essa área; que não fosse uma introdução ampla a uma teoria específica, mas que tratasse dos principais conceitos de Semântica, usando, como base, propostas de várias teorias aceitas pela comunidade linguística. O que se encontra, mais geralmente, na literatura são introduções a uma teoria, como "Introdução à Semântica Formal", "Introdução à Semântica Cognitiva" etc. Em geral, essas introduções exigem um conhecimento prévio de noções mais básicas de Semântica. Ainda, um material que fosse escrito em português, com exemplos do português brasileiro, pois a maioria dos livros está escrita em inglês; e que o aluno pudesse praticar bem o conteúdo, que apresentasse muitos exercícios e, inclusive, as respostas para autoavaliação. Enfim, um material que fosse "a introdução a qualquer introdução", um "manual de Semântica, com noções básicas e exercícios", em português.

Foi norteada por esse sentimento que resolvi transformar em um livro uma apostila inicial, que era apenas um roteiro, baseado, em grande parte, em *Meaning and Grammar: An Introduction to Semantics*, de Chierchia e McConnell-Ginet (1990). Costumava brincar com os alunos dizendo que, junto a essa apostila, deveria vir anexado um professor. E essa foi a minha intenção: anexar um professor a essa apostila inicial. Com esse intuito, tentei elaborar um material didático em uma linguagem informal (na medida do possível), tentando lembrar e introduzir dúvidas que os alunos, normalmente, apresentam em sala de aula. Também achei interessante inserir muitos exercícios, com as devidas respostas, para que o livro se tornasse mais autossuficiente. Minha intenção foi, ainda, propiciar, ao professor de tantas escolas de Letras espalhadas pelo Brasil um manual acessível para que pudesse ministrar um curso introdutório de Semântica. Porém, é desejável que o leitor tenha algum conhecimento de Linguística em geral, ainda que não seja necessário um conhecimento específico de Semântica.

O que quero realçar mais uma vez é que o objetivo aqui não é propor nenhuma teoria nova em Semântica, ou detalhar uma corrente teórica específica. A ideia básica é permitir o acesso, para o leitor iniciante, aos temas centrais de Semântica e a alguns dos mais importantes autores da área. Portanto, o que apresento é, basicamente, uma releitura dos principais livros de introdução à Semântica, sobretudo os de Chierchia (2003), Chierchia e McConnell-Ginet (1990), Saeed (1997), Hurford e Heasley (1983), Kempson (1977), Pires de Oliveira (2001), Ilari e Geraldi (1987), Cruse (1986) e Lyons (1977), cujas obras segui mais de perto. Baseei-me em um autor ou outro, sempre procurando reinterpretar e exemplificar, para o português, o que eu entendia que determinado autor tinha conseguido explicitar melhor. Posso afirmar que este manual é uma verdadeira "colcha de retalhos" da bibliografia básica de Semântica, acrescido de explicações minhas, baseadas na minha experiência como professora de Semântica e na minha observação sobre as lacunas existentes entre os livros introdutórios de Semântica e o aluno brasileiro. Tive que optar por alguns temas, devido ao enorme campo que é o da investigação semântica; essa escolha, certamente, não será consenso entre todos. Porém, espero ter fornecido os instrumentos iniciais necessários para que o leitor possa continuar, em qualquer direção, nessa jornada semântica. Também, como trabalho com dados construídos, por uma opção didática, remeto o leitor aos livros de Rodolfo Ilari *Introdução à Semântica: brincando com a gramática* (2001) e *Introdução ao estudo do léxico: brincando com as palavras* (2002), também editados pela Editora Contexto, que trazem muitos exercícios e propostas baseados em dados reais, extraídos dos mais diversos tipos de textos. Acredito que esses livros são complementares a este manual.

Para finalizar esta apresentação, gostaria de orientar o leitor sobre a organização geral deste manual. Os temas a serem tratados serão organizados em torno de três grandes vertentes teóricas adotadas na literatura sobre o significado: a abordagem referencial, a abordagem mentalista e a abordagem pragmática.

A primeira parte do livro, que se constitui do capítulo "A investigação do significado", apresenta uma introdução à área específica da Semântica, fazendo uma contraposição à área da Pragmática. A segunda parte, constituída pelos capítulos "Implicações", "Outras propriedades semânticas", "Ambiguidade e vagueza" e "Referência e sentido", mostrará temas que foram tratados de uma maneira mais significativa dentro da abordagem referencial: as implicações lógicas (hiponímia, acarretamento e pressuposição), as relações entre sentenças (sinonímia, antonímia, contradição, anomalia, dêixis e anáfora), as ambiguidades, as noções de sentido e referência.

A terceira parte, constituída pelos capítulos "Papéis temáticos" e "Protótipos e metáforas", tratará de temas que foram abordados, de uma maneira mais geral, em uma vertente mentalista: os papéis temáticos, os protótipos e as metáforas.

A quarta parte, constituída pelo capítulo "Atos de fala e implicaturas conversacionais", tratará de assuntos que fazem uma interface direta com a Semântica e, portanto, não poderiam deixar de ser tratados neste manual, mas que estão no terreno de uma abordagem pragmática. São temas que têm como objeto de estudo o uso da língua.

PARTE I
O QUE É SEMÂNTICA

A investigação do significado

A investigação linguística

Semântica é o estudo do significado das línguas. Este livro é uma introdução à teoria e à prática da Semântica na Linguística moderna. Apesar de não ser uma introdução a qualquer teoria específica, este livro apoia-se na premissa básica de que a habilidade linguística do ser humano é baseada em um conhecimento específico que o falante tem sobre a língua e a linguagem. É esse conhecimento que o linguista busca investigar.

Ao conhecimento da língua, chamaremos de gramática, entendendo-se por gramática o sistema de regras e/ou princípios que governam o uso dos signos da língua. A Linguística assume que o falante de qualquer língua possui diferentes tipos de conhecimento em sua gramática: o vocabulário adquirido, como pronunciar as palavras, como construir as palavras, como construir as sentenças[1], e como entender o significado das palavras e das sentenças. Refletindo essa divisão, a descrição linguística tem diferentes níveis de análise: o estudo do Léxico, que investiga o conjunto de palavras de uma língua e sua possível sistematização; o estudo da Fonologia, que focaliza os sons de uma língua e de como esses sons se combinam para formar as palavras; o estudo da Morfologia, que investiga o processo de construções das palavras; o estudo da Sintaxe, que investiga como as palavras podem ser combinadas em sentenças; e o estudo da Semântica, que focaliza o significado das palavras e das sentenças.

Ao conhecimento da linguagem, associaremos o uso da língua, ou seja, o emprego da gramática dessa língua nas diferentes situações de fala. A área da Linguística que descreve a linguagem denomina-se Pragmática. A Pragmática estuda a maneira pela qual a gramática, como um todo, pode ser usada em situações comunicativas concretas. Neste livro, veremos noções que ora estão no campo da língua, ora no campo da linguagem; tentarei, na medida do possível, situá-las em seus domínios de conhecimento.

Semântica e Pragmática

Localizemos, primeiramente, o nosso principal objeto de estudo: a Semântica. A Semântica, repetindo, é o ramo da Linguística voltado para a investigação do significado das sentenças. Como assumimos que o linguista busca descrever o conhecimento linguístico que o falante tem de sua língua, assumimos também, mais especificamente, que o semanticista busca descrever o conhecimento semântico que o falante tem de sua língua. Por exemplo, esse conhecimento permite que um falante de português saiba que as duas sentenças a seguir descrevem a mesma situação:

(1) a. O João acredita, até hoje, que a terra é quadrada.
b. O João ainda pensa, atualmente, que a terra é quadrada.

Esse mesmo conhecimento também permite que um falante de português saiba que as duas sentenças adiante não podem se referir à mesma situação no mundo, ou seja, são sentenças que se referem a situações contraditórias:

(2) a. O João é um engenheiro mecânico.
b. O João não é um engenheiro mecânico.

Ainda, o conhecimento semântico que o falante do português do Brasil tem o leva a atribuir duas interpretações para a seguinte sentença:

(3) A gatinha da minha vizinha anda doente.

Portanto, são fenômenos dessa natureza que serão o alvo de uma investigação semântica. Existe um consenso entre os semanticistas de que fatos como esses são relevantes para qualquer teoria que se proponha a investigar a Semântica. Entretanto, antes de seguirmos com o nosso estudo sobre os fenômenos semânticos, é importante salientar que a investigação linguística do significado ainda interage com o estudo de outros processos cognitivos, além dos processos especificamente linguísticos. Parece bem provável que certos aspectos do significado se encontrem fora do estudo de uma teoria semântica. Veja (4):

(4) a. Você quer um milhão de dólares sem fazer nada?
b. Não!!! (responde o interlocutor, com uma entonação e uma expressão facial que significam: claro que quero!)

Evidentemente não é o sistema linguístico que permite a interpretação da sentença em (4b): o item lexical *não* levaria a uma interpretação oposta à que todos nós provavelmente entendemos. O que faz, então, o falante de (4a) entender o falante de (4b)? São fatores extralinguísticos, como a entonação que o falante de (4b) usa, a sua expressão facial e, às vezes, até seus gestos; já entramos, então, no campo da prosódia, da expressão corporal etc. Portanto, fica claro que nem sempre o sistema semântico é o único responsável pelo significado; ao contrário, em várias situações, o sistema semântico tem o seu significado alterado por outros sistemas cognitivos para uma compreensão final do significado. Por exemplo, vem sendo explorado por alguns estudiosos que alguns aspectos do significado são explicados em termos das intenções dos falantes, ou seja, dentro do domínio de teorias pragmáticas. Tais teorias podem ajudar a explicar como as pessoas fazem para significar mais do que está simplesmente dito, através da investigação das ações intencionais dos falantes. Repare na sentença:

(5) A porta está aberta.

O que significa essa sentença? Que existe uma determinada situação em que um objeto denominado *porta* se encontra em um estado de não fechado (seja não trancado ou apenas afetado em seu deslocamento). Agora imaginemos o seguinte: um professor está dando aula e algum estudante para na frente da sala e fica olhando para dentro; o professor dirige-se a ele, com uma atitude amigável, e profere a sentença em (5). Certamente, nessa situação, a sentença (5) não será entendida como o estado de a porta estar aberta ou não, mas, sim, como um convite para que o estudante entre. Vejamos ainda essa mesma sentença em outra situação: um estudante muito agitado está atrapalhando a aula; o professor diz a mesma sentença, só que agora sua intenção é repreender esse aluno. A sentença (5) será entendida como uma ordem para que o estudante saia. Portanto, nos exemplos dados, vemos que o significado vai além do sentido do que é dito. Como entendemos esse significado? Esse conhecimento tem relação com a nossa experiência sobre comportamentos em salas de aula, intenções, boas maneiras, isto é, com o nosso conhecimento sobre o mundo.

Entender o que o professor falou em cada contexto específico parece envolver dois tipos de conhecimento. Por um lado, devemos entender o que o professor falou explicitamente, o que a sentença em português *A porta está aberta* significa; a esse tipo de conhecimento, chamamos de Semântica. A Semântica pode ser pensada como a explicação de aspectos da interpretação que dependem exclusivamente do sistema da língua, e não de como as pessoas a colocam em uso; em outros termos, podemos dizer que a semântica lida com a interpretação das expressões linguísticas, com o que permanece constante quando certa expressão é proferida. Por outro lado, não conseguiríamos entender o que o professor falou, se não entendêssemos também qual era a intenção dele ao falar aquela expressão para determinada pessoa em determinado contexto; a esse tipo de conhecimento, chamamos de Pragmática. O estudo da Pragmática tem relação com os usos situados da língua e com certos tipos de efeitos intencionais. Entretanto, o leitor verá, ao longo do livro, que nem sempre é tão clara essa divisão e que nem sempre conseguimos precisar o que está no terreno da Semântica e o que está no terreno da Pragmática.[2]

Uso, menção, língua-objeto e metalinguagem

A diferença entre uso e menção de uma sentença também ajudará a compreender as noções de Semântica e Pragmática. Para entendermos essa diferença, primeiramente vejamos o que quer dizer a palavra *significado*. Certamente, o *significado* em teorias semânticas não é tão abrangente quanto o uso que se faz na linguagem cotidiana. Observe as sentenças a seguir:

(6) a. Qual o significado de ser um homem?
b. Qual o significado de 'ser um homem'?

Qual das sentenças trata a palavra *significar* do ponto de vista semântico? Certamente, a sentença (b) é a adequada. A outra diz respeito a questões metafísicas. É fácil justificar essa resposta. A Semântica preocupa-se com o significado de sentenças e de palavras como objetos isolados e, portanto, a resposta a (6b) estaria ligada somente à relação entre as palavras da expressão destacada *ser um homem*. Poderíamos responder, por exemplo, dizendo que "*ser um homem* quer dizer ser humano, do sexo masculino, de uma determinada idade adulta". Perceba que a resposta do significado para *ser um homem*, em (6b), não vai variar de conteúdo de acordo com quem a responde ou de acordo com o contexto. Qualquer falante do português aceitaria a resposta dada anteriormente como sendo boa. Já a questão em (6a) terá uma resposta que vai variar com o contexto: se a pergunta for feita a um filósofo, teremos uma resposta; se for feita a um homem do campo, certamente será outra. Por exemplo, para um filósofo, ser um homem pode implicar questões de ordem existencial etc.; para um homem do campo, pode significar simplesmente questões de ordem prática, como aquele que sustenta a casa etc. Chamaremos, pois, a expressão destacada *ser um homem* da sentença (6b) de menção, e a expressão *ser um homem* da sentença (6a) de uso.[3] Fica claro, pois, que o objeto de estudo da Semântica é a menção das sentenças e das palavras, isoladas de seu contexto; e o objeto de estudo da Pragmática é o uso das palavras e das sentenças, inseridas em determinado contexto.

Separar as noções de menção e de uso também facilita perceber a distinção entre língua-objeto e metalinguagem. É muito difícil o trabalho do linguista, que tem que usar a língua para descrever seu objeto de estudo – a própria língua. Veja que a Física pode se valer da Matemática para explicitar certos fenômenos físicos. Portanto, o objeto de estudo da Física é o fenômeno físico, e a metalinguagem para descrevê-la pode ser a Matemática. Já, por exemplo, o linguista brasileiro usa a própria língua, ou seja, o português brasileiro para descrever os fenômenos linguísticos observados. Porém, se fizermos a distinção entre uso e menção, poderemos estabelecer que o objeto de estudo do linguista é a menção da língua, e a metalinguagem usada é a língua em uso. Como tal distinção nem sempre é tão nítida, pois estamos estudando a língua usando a própria língua para descrevê-la, existem teorias que preferem utilizar algum tipo de formalismo como metalinguagem. Exemplos disso seriam a linguagem da lógica de predicados, usada em teorias de Semântica Formal, ou a linguagem por estruturas arbóreas, usada nas teorias sintáticas de cunho gerativista. A adoção de uma metalinguagem diferente da própria língua elimina prováveis distúrbios na análise linguística.

Objeto de estudo da Semântica

Como já realcei antes, os semanticistas estão de acordo quanto a algumas propriedades preliminares da língua que uma teoria semântica deve explicar. Além dessas propriedades, existem também algumas propriedades pragmáticas que sempre são consideradas relevantes, mesmo dentro de um estudo semântico. Isso se deve ao fato de que a Semântica não pode ser estudada somente como a interpretação de um sistema abstrato, mas também tem que ser estudada como um sistema que interage com outros sistemas no processo da comunicação e expressão dos pensamentos humanos. Tentarei explorar, neste manual, a maior parte dos fenômenos básicos dessa tarefa semântica. Entretanto, terei que optar por recortes, pois, em um só livro, seria impossível tratar de tantas questões. Vejamos, pois, os assuntos específicos a serem aqui estudados: a composicionalidade e a expressividade das línguas, as propriedades semânticas e as noções de referência e representação.

Composicionalidade e expressividade das línguas

Todas as línguas dependem de palavras e de sentenças dotadas de significado: cada palavra e cada sentença estão convencionalmente associadas a, pelo menos, um significado. Desse modo, uma teoria semântica deve, em relação a qualquer língua, ser capaz de atribuir a cada palavra e a cada sentença o significado (ou significados) que lhe(s) é (são) associado(s) nessa língua. No caso das palavras, isso significa essencialmente escrever um dicionário. No caso das sentenças, o problema é outro. Em todas as línguas, as palavras podem ser organizadas de modo a formar sentenças, e o significado dessas sentenças depende do significado das palavras nelas contidas. Entretanto, não se trata de um simples processo de acumulação: *gatos perseguem cães* e *cães perseguem gatos* não significam a mesma coisa, embora as palavras das duas sentenças sejam as mesmas. Portanto, uma teoria semântica deve não só apreender a natureza exata da relação entre o significado de palavras e o significado de sentenças, mas deve ser capaz de enunciar de que modo essa relação depende da ordem das palavras ou de outros aspectos da estrutura gramatical da sentença. Observe que as infinitas expressões sintáticas, altamente complexas ou não, têm associadas a elas significados que nós não temos nenhum problema para entender, mesmo se nunca tivermos ouvido a expressão anteriormente. Por exemplo:

(7) O macaco roxo tomava um sorvete no McDonald's.

Provavelmente, você nunca ouviu essa sentença antes, mas, ainda assim, você pode facilmente entender seu conteúdo. Como isso é possível? A experiência de se entender frases nunca escutadas antes parece muito com a experiência de se somar números que você nunca somou antes:

(8) 155 + 26 = 181

Chegamos ao resultado em (8) porque nós conhecemos alguma coisa dos números e sabemos o algoritmo da adição (as etapas seguidas para adicioná-los). Tentemos explicitar o procedimento que nos fez chegar ao resultado em (8):

(9) a. coloque os números na vertical, conservando unidades debaixo de unidades, dezenas debaixo de dezenas, centenas debaixo de centenas;
b. some as unidades;
c. transporte para a casa da dezena o que ultrapassar 9;
d. repita a operação para as dezenas e as centenas.

Provavelmente, por um processo semelhante, entendemos a sentença em (7): sabemos o que cada palavra significa e conhecemos o algoritmo que, de algum jeito, as combina e faz chegar a um resultado final, que é o significado da sentença. Portanto, parte da tarefa de uma teoria semântica deve ser falar alguma coisa sobre o significado das palavras e falar alguma coisa sobre os algoritmos que combinam esses significados para se chegar a um significado da sentença. Lidaremos, pois, dentro do estudo semântico, com a palavra como a menor unidade dessa composição, e as frases e sentenças como a maior unidade de análise. Em todos os capítulos deste livro, as questões abordadas envolvem, de alguma forma, esse processo de construção do significado.

Propriedades semânticas (e pragmáticas)

Os falantes nativos de uma língua têm algumas intuições sobre as propriedades de sentenças e de palavras e as maneiras como essas sentenças e palavras se relacionam. Por exemplo, se um falante sabe o significado de uma determinada sentença, intuitivamente, sabe deduzir várias outras sentenças verdadeiras a partir da primeira. Essas intuições parecem refletir o conhecimento semântico que o falante tem. Esse comportamento linguístico é mais uma prova de que seu conhecimento sobre o significado não é uma lista de sentenças, mas um sistema complexo. Ou seja, o falante de uma língua, mesmo sem ter consciência, tem um conhecimento sistemático da língua que lhe permite fazer operações de natureza bastante complexa. Portanto, outra tarefa da Semântica deve ser caracterizar e explicar essas relações sistemáticas entre palavras e entre sentenças de uma língua que o falante é capaz de fazer. Veremos essas relações detalhadamente mais à frente. Porém, como uma ilustração, mostrarei abaixo quais são essas propriedades:

a) As relações de implicação como hiponímia, acarretamento, pressuposição e implicatura conversacional:

    (10) a. João comprou um carro.
         b. João comprou alguma coisa.
    (11) a. João parou de fumar.
         b. João fumava.
    (12) a. Puxa! Está frio aqui.
         b. Você quer que eu feche a janela?

Das sentenças anteriores, pode-se dizer que qualquer falante deduz, a partir da verdade da sentença (10a), a verdade da sentença (10b); diz-se, pois, que (10a) acarreta (10b). Também se pode inferir que o sentido da expressão *alguma coisa* está contido no sentido da palavra *carro*; diz-se, então, que *carro* é hipônimo da expressão *alguma coisa*. Em relação ao exemplo (11), percebe-se que, para se afirmar a sentença (a), tem-se que tomar (b) como verdade; tem-se, então, que (11a) pressupõe (11b). De (12), pode-se dizer que a sentença (a) sugere uma possível interpretação como a de (b). Estudaremos essas relações de implicação nos capítulos "Implicações" e "Atos de fala e implicaturas conversacionais", que são propriedades que estão no âmbito da Semântica e também da Pragmática.

b) As relações de paráfrase e de sinonímia:

    (13) a. O menino chegou.
         b. O garoto chegou.

Nesse par de sentenças, podemos perceber que a palavra *menino* pode ser trocada por *garoto* sem que haja nenhuma interferência do conteúdo informacional da sentença; temos, então, uma relação de sinonímia entre essas palavras. Também as sentenças anteriores passam a mesma informação, ou seja, se a sentença (a) é verdadeira, a sentença (b) também é verdadeira; e se (b) é verdadeira, (a) também o é. Diz-se, então, que (13a) é paráfrase de (13b). Essas relações serão vistas no capítulo "Outras propriedades semânticas".

c) As relações de contradição e de antonímia:

(14) a. João está feliz.
b. João está triste.

Em (14), qualquer falante tem a intuição de que as duas sentenças não podem ocorrer ao mesmo tempo e, por isso, diz-se que são sentenças contraditórias. O que leva as sentenças a serem contraditórias são as palavras *feliz* e *triste*, que têm sentidos opostos e são, assim, chamadas de antônimos. Também essas noções serão investigadas no capítulo "Outras propriedades semânticas".

d) As relações de anomalia e de adequação:

(15) Ideias verdes incolores dormem furiosamente.

Uso, aqui, o clássico exemplo de Chomsky (1957) para ilustrar o que conhecemos como anomalia: uma sentença com um significado totalmente incoerente. Uma característica das expressões anômalas é a sua inadequação para o uso na maioria dos contextos. As pessoas parecem ser capazes de julgar se determinadas expressões são adequadas ou não para serem proferidas em contextos particulares, ou seja, são capazes de estabelecer as condições de adequação ao contexto, ou, como também são conhecidas, as condições de felicidade de um proferimento. Estudaremos mais detalhadamente essas propriedades nos capítulos "Outras propriedades semânticas" e "Atos de fala e implicaturas conversacionais".

e) As relações de ambiguidade e de vagueza:

Uma teoria semântica também pretende explicar as diversas ambiguidades que existem na língua, ou seja, a ocorrência de sentenças que têm dois ou mais significados:

(16) a. O João pulou de cima do banco.
b. O motorista trombou no caminhão com um Fiat.

Diferentes questões estão implicadas nas ambiguidades das sentenças em português. Em (16a), por exemplo, o item lexical *banco* gera duas interpretações possíveis para a sentença: *O João pulou do alto de um banco*, assento ou *O João pulou do alto de um banco*, prédio. Em (16b), é a organização estrutural da sentença que gera a ambiguidade: *O motorista com um Fiat trombou no caminhão*, ou *O motorista trombou no caminhão que estava com um Fiat em cima*. Não só o léxico e/ou a sintaxe geram as ambiguidades das línguas, mas também é comum observar questões de escopo, de papéis temáticos, de dêixis, de anáfora, entre outras questões, como geradoras desse fenômeno. Veremos isso detalhadamente no capítulo "Ambiguidade e vagueza".

f) Os papéis temáticos:

Seguindo a posição de alguns linguistas, como Gruber (1965), Jackendoff (1983, 1990) e outros, incluirei, neste livro, esse tipo de relação que atualmente é mais conhecida na literatura como papéis temáticos (essa noção também é chamada de papéis participantes, casos semânticos profundos, papéis semânticos ou relações temáticas):

(17) a. O João matou *seu colega*.
b. A Maria preocupa *sua mãe*.
c. *A Maria* recebeu um prêmio.
d. O João jogou *a bola*.

Todas essas sentenças têm uma estrutura semântica comum, um paralelismo semântico. Existe uma ideia recorrente de mudança, de afetação: *o colega* mudou de estado de vida, *a mãe* mudou de estado psicológico, *a Maria* teve uma mudança em suas posses e *a bola* teve uma mudança de lugar. Essas relações similares que se estabelecem entre os itens lexicais, mais geralmente entre os verbos das línguas, são conhecidas como papéis temáticos. Nos exemplos anteriores, podemos dizer que o elemento em itálico tem o papel temático de paciente, e definimos paciente como o elemento cuja situação mudou com o efeito do processo expresso pela sentença. Como veremos, paciente é apenas um dos papéis temáticos possíveis; há vários outros que serão estudados no capítulo "Papéis temáticos".

g) Os protótipos e as metáforas:

A noção de protótipos surge com Rosch (1973, 1975), que assume a incapacidade de conceituarmos os objetos do mundo (mesmo abstratos) de uma maneira discreta, isto é, que cada objeto pertença a uma única categoria específica. Linguistas que trabalham com a ideia de protótipos assumem que não sabemos diferenciar, por exemplo, quando uma xícara passa a ser uma tigela: será xícara quando seu diâmetro for 5 cm, 7 cm, 10 cm... Mas e 15 cm? Já será uma tigela? Ou ainda será uma xícara, mas com características de tigela? Ou será uma tigela com características de xícara? Portanto, existem certos objetos que estão no limiar da divisão de duas ou mais categorias; outros são mais prototípicos, ou seja, possuem um maior número de traços de uma determinada categoria. A proposta da teoria dos protótipos é conceber os conceitos como estruturados de forma gradual, existindo um membro típico ou central das categorias e outros menos típicos ou mais periféricos. Veremos a noção dos protótipos no capítulo "Protótipos e metáforas".

Outro ponto a ser investigado neste manual é a metáfora. As metáforas são entendidas, geralmente, como uma comparação que envolve identificação de semelhanças e transferência dessas semelhanças de um conceito para o outro. Como ilustra o exemplo em (18):

(18) Este problema está sem solução: não consigo achar o fio da meada.

Transpõe-se o conceito da meada de lã, que só se consegue desenrolar quando se tem a ponta do fio, para o conceito de um problema complicado. A metáfora tem sido vista, tradicionalmente, como a forma mais importante de linguagem figurativa e atinge o seu maior uso na linguagem literária e poética. Entretanto, é fácil encontrar, em textos jornalísticos, publicitários e mesmo na nossa linguagem do dia a dia, exemplos em que se emprega a metáfora. Os cognitivistas afirmam que a metáfora faz parte da linguagem ordinária e é vista como sendo uma maneira relevante de se pensar e falar sobre o mundo. Também a noção de metáfora será vista no capítulo "Protótipos e metáforas".

h) Os atos de fala:

Apesar de o papel central do uso da língua ser a descrição de estados de fatos, sabemos, também, que a linguagem tem outras funções, como ordenar, perguntar, sugerir, o que vai além de uma simples descrição; na realidade, a linguagem é a própria ação em situações como essas. No capítulo "Atos de fala e implicaturas conversacionais", veremos esses tipos de atos de fala existentes na linguagem, tais como ato locutivo, ilocutivo e perlocutivo; ainda veremos verbos perfomativos, que são verbos que já trazem implícita uma ação. Como exemplos de verbos perfomativos, temos:

(19) a. Eu te ordeno sair imediatamente.
     b. Aviso-te que será a última vez.

Referência e representação

Um terceiro ponto a ser estudado por uma teoria semântica diz respeito à natureza do significado. Existe uma divisão sobre essa questão: para alguns linguistas, o significado é associado a uma noção de referência, ou seja, da ligação entre as expressões linguísticas e o mundo; para outros, o significado está associado a uma representação mental.

As teorias que tratam do significado sob o ponto de vista da referência são chamadas de Semântica Formal, ou Semântica Lógica, ou Semântica Referencial, ou ainda Semântica de Valor de Verdade. Os fenômenos semânticos que serão tratados dentro dessa perspectiva teórica estão nos capítulos "Implicações", "Outras propriedades semânticas", "Ambiguidade e vagueza" e "Referência e sentido". Portanto, um ponto relevante a ser investigado por uma teoria linguística é a relação entre a língua e o mundo: o significado externo da língua, segundo Barwise e Perry (1983). Por exemplo, certas palavras fazem referência a determinados objetos, e aprender o que significam essas palavras é conhecer a referência delas no mundo:

(20) *Noam Chomsky* refere-se a um famoso linguista.

Só podemos usar a sentença (20) de uma forma adequada se estamos nos referindo ao mesmo linguista a que todas as pessoas se referem quando usam o nome *Noam Chomsky*. Referência não é uma relação como implicação ou contradição, que se dá entre expressões linguísticas. Ao contrário, é uma relação entre expressões e objetos extralinguísticos.

As teorias que tratam do significado do ponto de vista representacional, ou seja, que consideram o significado uma representação mental, sem relação com a referência no mundo, são conhecidas como teorias mentalistas, ou representacionais, ou ainda cognitivas. Estudaremos alguns fenômenos semânticos sob a ótica da abordagem mentalista nos capítulos "Papéis temáticos" e "Protótipos e metáforas". O estudo da representação envolve a ligação entre linguagem e construtos mentais que, de alguma maneira, representam ou codificam o conhecimento semântico do falante. A ideia geral é que temos maneiras de representar mentalmente o que é significado por nós e pelos outros, quando falamos. O foco da questão está em entender o que os ouvintes podem inferir sobre os estados e os processos cognitivos, as representações mentais dos falantes. As pessoas se entendem porque são capazes de reconstruir as representações mentais nas quais os outros se baseiam para falar. O sucesso da comunicação depende apenas de partilhar representações, e não de fazer a mesma ligação entre as situações do mundo. Parece ser verdade a afirmação de que se a nossa fala sobre o mundo funciona tão bem é por causa das similaridades fundamentais das nossas representações mentais.

Ainda temos alguns outros linguistas que concebem a possibilidade de essas duas abordagens serem complementares.

Exercícios

I. Exemplifique linguisticamente e explique os dois tipos de conhecimento que estão envolvidos no significado do que é dito.
II. Faça uma relação entre seus exemplos e as noções de menção, uso, língua-objeto e metalinguagem.
III. Explique as propriedades básicas da linguagem que teorias semânticas devem abordar.

Indicações bibliográficas

Em português: Chierchia (2003, cap. 1) e Pires de Oliveira (2001, cap. 1).
Em inglês: Saeed (1997, cap. 1), Chierchia e McConnell-Ginet (1990, cap. 1), Larson e Segal (1995, cap. 1), Hurford e Heasley (1983, cap. 1), Cann (1993, cap. 1), Lyons (1977, cap. 1) e Kempson (1977, cap. 1).

Notas

[1] "Sentença (S) pode ser definida, sintaticamente, pela presença de um verbo principal conjugado e, semanticamente, pela expressão de um pensamento completo" (Pires de Oliveira, 2001: 99).
[2] Existem algumas correntes teóricas que não acreditam em tal divisão, ou fazem essa divisão de uma maneira distinta (Lakoff, 1987; Langacker, 1987). Veja discussão mais detalhada em Levinson (1983) e Mey (1993).
[3] Quando a expressão aparece entre aspas simples ou em itálico (geralmente dentro do texto), isso significa que é a menção da expressão que está sendo utilizada. A utilização de aspas duplas indica o proferimento da sentença, ou seja, a ação realizada, o uso da sentença.

PARTE II
FENÔMENOS SEMÂNTICOS E A ABORDAGEM REFERENCIAL

Implicações

Implicações ou inferências

A primeira propriedade a ser estudada no nosso manual será a noção de implicação. A palavra implicação, na linguagem cotidiana, remete a várias noções, tais como inferências, deduções, acarretamentos, pressuposições, implicaturas etc., sem que haja uma distinção entre elas. É comum escutarmos as seguintes frases, "isso acarreta uma série de problemas" ou "isso implica uma série de problemas" como sendo semelhantes. Aqui tratarei da noção de implicação de uma maneira mais rigorosa, seguindo a tradição dos estudos em uma abordagem referencial. Existe uma gradação no conceito de implicação, indo da noção mais restrita da implicação – conhecida como acarretamento – à noção mais abrangente da implicação – conhecida como implicatura conversacional. O acarretamento é uma noção estritamente semântica que se relaciona somente com o que está contido na sentença, independentemente do uso desta. A noção de pressuposição[1] relaciona-se com o sentido de expressões lexicais contidas na sentença, mas também se refere a um conhecimento prévio, extralinguístico, que o falante e o ouvinte têm em comum; pode-se dizer que a pressuposição é uma noção semântico-pragmática. A implicatura, conhecida como implicatura conversacional, é uma noção estritamente pragmática, que depende exclusivamente do conhecimento extralinguístico que o falante e o ouvinte têm sobre um determinado contexto. Neste capítulo, apresentarei as duas primeiras noções de implicação, o acarretamento e a pressuposição, que geralmente são noções tratadas dentro da abordagem referencial. A implicatura conversacional, que está relacionada ao uso da língua, será vista no capítulo "Atos de fala e implicaturas conversacionais", em que apresentarei fenômenos que são, geralmente, tratados dentro de uma abordagem pragmática.

Hiponímia, hiperonímia e acarretamento

Para entendermos a noção de acarretamento, que é uma relação entre sentenças, vejamos antes a noção de hiponímia, que é uma relação similar, mas que se dá entre palavras. A hiponímia pode ser definida como uma relação estabelecida entre palavras, quando o sentido de uma está incluído no sentido de outra:

(1) a. pastor-alemão → cachorro → animal
    b. rosa → flor → vegetal
    c. fusca → carro → veículo
    d. maçã → fruta → vegetal

Pelos exemplos, podemos perceber que a hiponímia é uma relação linguística que estrutura o léxico das línguas em classes, ou seja, pastor-alemão pertence à classe dos cachorros, que, por sua vez, pertencem à classe dos animais; rosas são flores, que, por sua vez, são vegetais etc. Vamos estabelecer que cada exemplo anterior forma uma cadeia. O item lexical mais específico, que contém todas as outras propriedades da cadeia, é chamado de hipônimo; o item lexical que está contido nos outros itens lexicais, mas não contém nenhuma das outras propriedades da cadeia, o termo mais geral, é chamado de hiperônimo. Por exemplo, em (1a), pastor-alemão é o hipônimo da cadeia apresentada, e animal, o hiperônimo. A relação de hiponímia é assimétrica, ou seja, o hipônimo contém o seu hiperônimo, mas o hiperônimo não contém o seu hipônimo. Por exemplo, todo cachorro é um animal, mas nem todo animal é um cachorro. O sentido da palavra animal está contido na palavra cachorro, mas o inverso não é verdadeiro. Se pensarmos em uma decomposição lexical em termos de propriedades semânticas que compõem o sentido da palavra cachorro, teríamos o seguinte:

(2) $\begin{bmatrix} \text{cachorro} \rightarrow \text{+animal}^2 \\ \text{+quadrúpede} \\ \text{+mamífero} \\ \text{...} \end{bmatrix}$

O exemplo em (2) evidencia o fato de que o sentido de animal está contido no sentido de cachorro. Experimente fazer a decomposição lexical em propriedades semânticas para os outros exemplos em (1).

Estendendo a noção de hiponímia para as sentenças, chegamos à noção de acarretamento, que pode ser entendida como a relação existente entre sentenças, quando o sentido de uma sentença está incluído no sentido da outra. Essa relação é mais complexa. Tomemos um exemplo:

(3) a. Isto é uma cadeira e é de madeira.
    b. Isto é uma cadeira de madeira.

Qualquer falante do português sabe que a informação contida em (3b) está incluída em (3a) e que, portanto, podemos concluir que (3a) acarreta (3b). Veja que, se a sentença (3a) for verdadeira, consequentemente a sentença (3b) também será verdadeira; seria contraditório afirmar a primeira sentença e negar a segunda:

(4) a. Isto é uma cadeira e é de madeira.
b. Mas isto não é uma cadeira de madeira.

Esse conhecimento é parte do conhecimento sobre o que essas sentenças significam: não precisamos saber nada sobre o objeto mostrado, a não ser o fato de que é o mesmo objeto nas duas afirmações. Agora vejamos as sentenças em (5):

(5) a. O João é alto e é um jogador de basquete.
b. O João é um jogador de basquete alto.

Você diria que (5a) acarreta (5b)? Se você respondeu não, acertou, pois o problema agora é outro. Imaginemos que estamos apontando para os jogadores de basquete, que, em realidade, são altos. Estamos certos em afirmar (5a). Mas imaginemos que, entre os jogadores de basquete, você não julgue o João como sendo um dos mais altos; ao contrário, ele é o jogador mais baixo em comparação aos outros. Nesse caso, seria perfeitamente razoável negar (5b):

(6) a. O João é alto e é um jogador de basquete.
b. Mas o João não é um jogador de basquete alto; na verdade, ele é o mais baixo do time.[3]

Portanto, a sentença (5a) não acarreta a sentença (5b), pois, se a sentença (5a) for verdadeira, a sentença (5b) não tem que ser necessariamente verdadeira; ou seja, podemos negar a sentença (5b) que ela não ficará contraditória à sentença (5a); ou mesmo podemos perceber que a informação da sentença (5b) não está contida na informação da sentença (5a). Baseando-nos nesses argumentos, chegamos às seguintes definições para a noção de acarretamento:

(7) Duas sentenças estabelecem uma relação de acarretamento se:[4]
• a sentença (a) for verdadeira, a sentença (b) também será verdadeira;

=

• a informação da sentença (b) estiver contida na informação da sentença (a);

=

• a sentença (a) e a negação da sentença (b) forem sentenças contraditórias.[5]

Assim como a hiponímia, o acarretamento também é uma relação assimétrica, ou seja, uma sentença contém outra, mas não necessariamente essa segunda contém a primeira. Quando temos uma relação simétrica, ou seja, a sentença (a) acarreta a sentença (b) e a sentença (b) também acarreta a sentença (a), temos a relação de paráfrase, que veremos mais à frente.

O que fazemos ao estabelecer os acarretamentos de uma sentença é tirar-lhe todas as informações que acrescentamos, a partir das nossas experiências, do nosso conhecimento de mundo, e deixar somente o que está explícito nas relações expressas pelos itens lexicais dessa sentença, ou seja, o sentido exclusivamente literal. Em outras palavras, o acarretamento é uma propriedade que nos mostra exatamente o que está sendo veiculado por determinada sentença, nada além. Essa é a dificuldade, pois estamos habituados a entender sentenças com todas as outras informações extralinguísticas que possam também estar associadas a essa sentença, a quem a profere e a quem a escuta. Ao estabelecer os acarretamentos de uma sentença, estamos fazendo uma espécie de triagem do que está além daquele objeto, para poder analisar somente o próprio objeto. Antes de você exercitar-se um pouco, analisemos alguns exemplos. Aplicaremos as definições dadas anteriormente para estabelecer se há a relação de acarretamento entre as sentenças a seguir. É importante ressaltar que, se usarmos somente a nossa intuição, muitas vezes não conseguiremos perceber qual é realmente o significado de determinada sentença. Por isso, como um bom procedimento metodológico, vamos sempre aplicar as definições (uma das três) nos exercícios propostos.

Vejamos, pois, se a sentença (8a) acarreta a sentença (8b):

(8) a. Hoje o sol está brilhando.[6]
    b. Hoje está quente.

A sentença (a) não acarreta a sentença (b), porque, se é verdade que hoje o sol está brilhando, não é necessariamente verdade que hoje está quente, ou seja, se (a) é verdade, (b) não é verdade necessariamente. Também podemos perceber que a informação de que hoje está quente não está contida na informação de que hoje o sol está brilhando, ou seja, a informação da sentença (b) não está contida na informação da sentença (a). Ou ainda, se negarmos a sentença (b), ela não ficará contraditória à sentença (a): hoje o sol está brilhando, mas hoje não está quente; é perfeitamente possível que essas duas sentenças estejam narrando fatos que ocorram simultaneamente no mundo.

Vejamos um segundo exemplo.

(9) a. A Jane comeu uma fruta no café da manhã.
    b. A Jane comeu uma fruta.

Se é verdade que a Jane comeu uma fruta no café da manhã, é necessariamente verdade que a Jane comeu uma fruta. Portanto, podemos afirmar que a sentença (a) acarreta a sentença (b), porque a informação de (b) está contida em (a); ou porque se (a) é verdade (b) também é verdade; ou ainda, a negação da sentença (b) é contraditória à sentença (a), pois é contraditório afirmar que a Jane comeu uma fruta no café da manhã, mas a Jane não comeu uma fruta.

Como terceiro exemplo, temos:

(10) a. A Jane tomou café esta manhã.
b. A Jane tomou algo quente esta manhã.

A sentença (a) não acarreta a sentença (b), porque se (a) é verdade (b) não é verdade necessariamente: se é verdade que a Jane tomou café esta manhã, não é necessariamente verdade que a Jane tomou algo quente esta manhã, pois o café poderia estar frio, por exemplo. Tente aplicar as outras definições, como exercício.

No exemplo (11), temos:

(11) a. O João não sabe que a Maria está grávida.
b. A Maria está grávida.

A informação de que a Maria está grávida está contida na informação de que o João não sabe que a Maria está grávida. Portanto, a sentença (a) acarreta a sentença (b), pois a informação de (b) está contida em (a). Novamente, tente as outras definições.

Como último exemplo:

(12) a. O João pensa que a Maria está grávida.
b. A Maria está grávida.

A sentença (a) não acarreta a sentença (b), pois a negação da sentença (b) não é contraditória à sentença (a): é perfeitamente possível dizer que o João pensa que a Maria está grávida, mas a Maria não está grávida.

De posse das informações dadas, tente você fazer os exercícios propostos.

Exercícios

1. Diga se existe a relação de hiponímia ou hiperonímia nos pares a seguir (observando a direção da seta), usando a estratégia de decompor os itens lexicais em propriedades semânticas:
    1) homem → animado
    2) gente → criança

3) onça → mamífero
4) liquidificador → eletrodoméstico
5) vegetal → árvore

II. Estabeleça para as hiponímias acima, os hipônimos e os hiperônimos das cadeias.

III. Para cada par de sentenças, diga se a sentença (a) acarreta a sentença (b) e justifique sua resposta usando uma das três definições estudadas.

1) a. Os estudantes vão à festa.
   b. Todo estudante vai à festa.
2) a. O João fez todos os exercícios.
   b. O João fez alguns exercícios.
3) a. O João sabe que os porcos não têm asas.
   b. Os porcos não têm asas.
4) a. O João pensa que os porcos não têm asas.
   b. Os porcos não têm asas.
5) a. O Oscar e o José são ricos.
   b. O José é rico.
6) a. O Oscar e o José são de meia-idade.
   b. O Oscar é de meia-idade.
7) a. Todo mundo saberá a resposta certa.
   b. Ninguém saberá a resposta certa.
8) a. O João é solteiro.
   b. O João nunca se casou.
9) a. Nós acabamos de comprar um carro.
   b. Nós acabamos de comprar alguma coisa.
10) a. Seu discurso me confundiu.
    b. Seu discurso me confundiu profundamente.
11) a. Todos tiveram uma vida boa por lá.
    b. Alguém teve uma vida boa por lá.
12) a. Os rapazes correram para casa.
    b. Os rapazes foram para casa.
13) a. É difícil de se caçar elefantes.
    b. Elefantes são difíceis de se caçar.
14) a. A Maria e o João são gêmeos.
    b. O João e a Maria têm a mesma fisionomia.
15) a. Que a Maria tenha conseguido vencer não abalou o João.
    b. A Maria venceu.
16) a. Não foi a Maria que chegou tarde.
    b. Alguém chegou tarde.
17) a. O Paulo parou de fumar.
    b. O Paulo fumava.

18) a. A Maria acha que o José já chegou.
    b. O José chegou.
19) a. O Paulo e a Maria ainda são felizes.
    b. O Paulo é feliz.
20) a. Houve um roubo no banco.
    b. O banco foi roubado.
21) a. Que a Maria tenha fugido não surpreendeu seu namorado.
    b. A Maria fugiu.
22) a. Não foi o menino que caiu.
    b. Alguém caiu.
23) a. A Maria acredita que as aves voam.
    b. As aves voam.
24) a. O presidente do Brasil anda muito gordo.
    b. Existe um presidente do Brasil.
25) a. O Paulo continua a falar dos outros.
    b. O Paulo falava dos outros.

Pressuposição

Para tratar da noção de pressuposição, seguirei a linha mais tradicional da abordagem referencial, focalizando a atenção somente nas chamadas pressuposições lógicas ou semânticas.[7] Entretanto, proponho que as pressuposições também tenham algumas características pragmáticas e, por isso, vou assumi-las como sendo uma noção semântico-pragmática. Afirmo isso por concordar com Ilari e Geraldi (1987: 76), quando afirmam que

> [...] em algum sentido as pressuposições não fazem parte do conteúdo assertado [ou seja, característica pragmática]; entretanto, é preciso salientar que no processo pelo qual somos levados a compreender um conteúdo pressuposto, a estrutura linguística nos oferece todos os elementos que nos permitem derivá-lo [ou seja, característica semântica].

Portanto, se pensarmos em um contínuo para as implicações, a pressuposição estará localizada no meio, como uma relação semântico-pragmática, diferentemente dos acarretamentos, em que são inferidas expressões baseando-se exclusivamente no sentido literal de outras, ou seja, uma relação estritamente semântica, diferentemente das implicaturas conversacionais, que são noções estritamente pragmáticas.

Frege (1892) observou que existe um tipo de conteúdo em certas sentenças que não é afetado, quando essas sentenças são negadas, ou são colocadas em uma forma interrogativa, ou mesmo como uma condicional antecedendo outra sentença. Por exemplo:

(13) a. O João conseguiu abrir a porta.
a'. O João não conseguiu abrir a porta.
a". O João conseguiu abrir a porta?
a'''. Se o João conseguiu abrir a porta, ele deve estar aliviado.
(14) O João tentou abrir a porta.

Nas sentenças em (13), o fato de o João tentar abrir a porta permanece inalterado. Podemos, então, afirmar que as orações afirmativa, negativa, interrogativa e condicional com o verbo *conseguir* compartilham um tipo específico de conteúdo. A esse conteúdo compartilhado pelas sentenças em (13), Frege deu o nome de pressuposição. Portanto, podemos dizer que as sentenças em (13) pressupõem a sentença em (14). Vejamos outro exemplo:

(15) a. O João parou de fazer caminhadas.
a'. O João não parou de fazer caminhadas.
a". Se o João parou de fazer caminhadas, ele deve ter engordado.
a'''. O João parou de fazer caminhadas?
(16) O João tinha o hábito de fazer caminhadas.

Podemos afirmar que existe um conteúdo que é compartilhado por todas as sentenças em (15): o João tinha o hábito de fazer caminhadas. Ou seja, as sentenças em (15) pressupõem a sentença em (16). Para que alguém diga qualquer das sentenças em (15), ele e seu interlocutor têm que compartilhar e assumir como verdade, ou seja, tomar como verdade, uma informação anterior à sentença proferida. Se for verdade que o João parou de fazer caminhadas, ou que o João não parou de fazer caminhadas, ou para que eu faça a pergunta: "O João parou de fazer caminhadas?" ou ainda que eu coloque uma condição antecedente como: "se o João parou de fazer caminhadas...", temos que tomar como uma verdade anterior que o João tinha o hábito de fazer caminhadas. E, se existe uma informação extralinguística envolvida para que tais sentenças sejam proferidas, uma informação anterior ao próprio proferimento das sentenças em (15), podemos concluir que temos aí um tipo de conhecimento pragmático. Entretanto, essa suposição só é derivada a partir da estrutura linguística da própria sentença; são determinadas construções, expressões linguísticas que desencadeiam essa pressuposição. No caso em (13), por exemplo, é somente a partir do verbo *conseguir* que podemos inferir que alguém tentou fazer algo. No caso em (15), é somente a partir da expressão *parou de*... que podemos inferir que João tinha o hábito de fazer... Por isso, escolho tratar a noção de pressuposição como sendo semântico-pragmática.

Vejamos as diferenças existentes entre acarretamento e pressuposição, mesmo sendo essas duas noções consideradas, de uma maneira mais ampla, como implicações (ou, também, inferências). Primeiramente, podemos observar que acarretamento é uma relação entre duas sentenças, de tal modo que a verdade da segunda decorre da verdade da primeira; é exclusivamente a partir da sentença proferida que podemos inferir alguma verdade, envolvendo assim o conhecimento estritamente semântico. Já a pressuposição é um conhecimento compartilhado por falante/ouvinte, prévio à sentença proferida, ainda que seja desencadeado a partir desta; envolve um tipo de conhecimento semântico, mas também exige um conhecimento pragmático. Outro traço distintivo entre a pressuposição e o acarretamento é que, apesar de as duas noções serem implicações, a primeira envolve não somente uma implicação, mas uma família de implicações. Em termos sintáticos, chamaremos de família de uma determinada sentença as quatro formas dessa sentença: a declaração afirmativa, a negação dessa afirmativa, a interrogação e a condição antecedente. Só ocorrerá a relação de pressuposição se todas as quatro formas de uma determinada sentença (a), ou seja, se a família de (a) tomar uma determinada sentença (b) como verdade. Se uma das sentenças da família de (a) não tomar como verdade a sentença (b), não existirá a relação de pressuposição entre as sentenças (a) e (b).[8] Em termos semânticos/pragmáticos, a família representa tipos de atitudes expressas em relação à declaração afirmativa. Vejamos, pois, como a noção de pressuposição é definida:

(17) A sentença (a) pressupõe a sentença (b) se, e somente se, a sentença (a), assim como também os outros membros da família da sentença (a) tomarem a sentença (b) como verdade.

Apliquemos a definição em (17). Tomando como base o exemplo (18), diga se há relação de pressuposição entre as duas sentenças:

(18) a. A Maria sabe que o Pedro gosta de dormir na aula.
b. O Pedro gosta de dormir na aula.

Para estabelecer se existe ou não a relação de pressuposição, primeiramente, temos que explicitar a família da sentença (a), ou seja, a negação (sempre da oração principal), a condicional, a interrogativa e inclusive a própria afirmativa, e verificar se a família de (a) toma a sentença (b) como verdade:

(19) a. A Maria sabe que o Pedro gosta de dormir na aula.
a'. A Maria não sabe que o Pedro gosta de dormir na aula.
a". A Maria sabe que o Pedro gosta de dormir na aula?
a'''. Se a Maria sabe que o Pedro gosta de dormir na aula...
b. O Pedro gosta de dormir na aula.

Fazendo a verificação. Quando eu digo: "A Maria sabe que o Pedro gosta de dormir na aula", eu tomo como verdade que o Pedro gosta de dormir na aula? Quando eu digo (a'), (a"), (a'''), eu tomo (b) como verdade? Como a resposta a todas as perguntas é positiva, eu posso afirmar que, no exemplo (19), (a) pressupõe (b), porque a família de (a) toma (b) como verdade. Metodologicamente, acredito ser uma boa estratégia sempre aplicar, nos exercícios, esse procedimento. Vejamos outro exemplo, estabelecendo se há ou não uma relação de pressuposição entre as duas sentenças em (20):

(20) a. Não foi a Maria que tirou nota boa em Semântica.[9]
b. Alguém tirou nota boa em Semântica.

Explicitando a família de (a), temos:

(21) a. Não foi a Maria que tirou nota boa em Semântica.
a'. Foi a Maria que tirou nota boa em Semântica.
a". (Não) foi a Maria que tirou nota boa em Semântica?
a'''. Se (não) foi a Maria que tirou nota boa em Semântica...[10]
b. Alguém tirou nota boa em Semântica.

Se eu digo: "Não foi a Maria que tirou nota boa em Semântica", eu estou tomando como verdade que alguém tirou nota boa em Semântica; se eu digo: "Foi a Maria que tirou nota boa em Semântica", eu estou tomando como verdade que alguém tirou nota boa em Semântica; se eu pergunto: "Foi a Maria que tirou nota boa em Semântica?", eu estou tomando como verdade que alguém tirou nota boa em Semântica; finalmente, quando eu digo: "Se foi a Maria que tirou nota boa em Semântica...", eu tomo como verdade que alguém tirou nota boa em Semântica. Portanto, a sentença (21a) pressupõe a sentença (21b) porque a família da sentença (a) toma a sentença (b) como verdade.

Voltando à comparação entre as duas implicações, o acarretamento e a pressuposição, temos que o acarretamento não é uma condição necessária para a pressuposição; mesmo porque, como se define o acarretamento, não é possível que todas as sentenças da família (a) sejam acarretamentos umas das outras (por exemplo, a interrogativa ou a condição não podem ser verdades inferidas, só podem sugerir alguma coisa). Portanto, existir a relação de acarretamento não é uma condição necessária para que exista a pressuposição. Contudo, pode acontecer que o acarretamento esteja presente na mesma sentença em que ocorra uma pressuposição, o que às vezes gera a errônea posição de se associar as duas noções. Vejamos essas ideias mais claramente, com os exemplos a seguir.

Sentenças podem apresentar a relação de pressuposição e, também, de acarretamento. Repitamos (21a') em (22a):

(22) a. Foi a Maria que tirou nota boa em Semântica.
b. Alguém tirou nota boa em Semântica.

Temos que a sentença (22a) acarreta a sentença (22b) porque, se é verdade que foi a Maria que tirou nota boa em Semântica, é necessariamente verdade que alguém tirou nota boa em Semântica. Já vimos antes que (21a) pressupõe (21b) porque a família de (a) toma (b) como verdade. Portanto, além da relação de pressuposição, temos uma relação de acarretamento entre (a) e (b).

Sentenças podem ter a relação de acarretamento e não ter a relação de pressuposição:

(23) a. A Maria tirou nota boa em Semântica.
b. Alguém tirou nota boa em Semântica.

A sentença (23a) acarreta a sentença (23b) porque a informação da sentença (b) está contida na informação da sentença (a). Entretanto, a sentença (a) não pressupõe a sentença (b) porque a família de (a) não toma (b) como verdade. Por exemplo, quando eu digo: "A Maria não tirou nota boa em Semântica", eu não tomo como verdade que alguém tirou nota boa em Semântica.

Finalmente, sentenças podem ter a relação de pressuposição e não ter a relação de acarretamento:

(24) a. Não foi a Maria que tirou nota boa em Semântica.
b. Alguém tirou nota boa em Semântica.

Temos que a sentença (24a) não acarreta a sentença (24b) porque a negação da sentença (b) não é contraditória à sentença (a). Por exemplo, pode existir uma situação[11] tal em que um professor entre na sala e diga: "Não foi a Maria que tirou nota boa em Semântica; em realidade, ninguém tirou nota boa em Semântica,[12] todos tiraram nota ruim". É uma situação perfeitamente possível, e não contraditória. Apesar de, em um primeiro momento, alguns estranharem essa argumentação, eu lembro que o acarretamento é estritamente aquilo que está contido na sentença, e a sentença (24a) está apenas expressando que não foi a Maria, mas não está expressando que foi alguém que tirou nota boa em Semântica. Entretanto, a sentença (24a) pressupõe a sentença (24b), como já foi visto. Essa relação de pressuposição é que leva muitos a acreditar que também existe uma relação de acarretamento. Se você ainda não se convenceu, lembre-se do que foi realçado anteriormente sobre a dificuldade de separar o nosso conhecimento do mundo do nosso conhecimento estritamente semântico. Certamente, o falante nunca é ingênuo ao escolher certas expressões e, na verdade, quando escolhe uma expressão como *Não foi fulano que...* (uma expressão desencadeadora de pressuposição), ou o falante acredita que foi alguém, ou ele quer fazer o ouvinte acreditar que foi alguém. Portanto, podemos pensar em duas possibilidades. Primeira, o falante confia na verdade da sentença (b), conhece previamente (b), senão ele não a estaria enunciando. Segunda possibilidade, a pressuposição é um mecanismo de atuação no discurso: o falante quer direcionar a conversa, fazendo o ouvinte criar certa expectativa em relação a (b). Perceba que o que é tomado como verdade pode ser anulado:

(25) Na verdade, ninguém tirou nota boa em Semântica.

Já os acarretamentos não podem ser anulados, pois a verdade está contida ou não no que foi comunicado. Portanto, a pressuposição lida não somente com questões sobre sentenças individuais e seu valor de verdade (como os acarretamentos), mas também com os usos das sentenças em conexão com o discurso.

Como última observação sobre as pressuposições, existem inúmeras expressões desencadeadoras dessa relação, como o exemplo anterior *Não foi fulano que...* Vejamos alguns tipos. Primeiro, podem-se listar as do tipo sintático. As construções clivadas,[13] em (26) e (27), têm como pressuposição (28):

(26) a. Foi o seu comportamento que me aborreceu.
    a'. Não foi o seu comportamento que me aborreceu.
    a". Foi o seu comportamento que me aborreceu?
    a'". Se foi o seu comportamento que me aborreceu...
(27) a. O que me aborreceu foi o seu comportamento.
    a'. O que me aborreceu não foi o seu comportamento.
    a". O que me aborreceu foi o seu comportamento?
    a'". Se o que me aborreceu foi o seu comportamento...
(28) Alguma coisa me aborreceu.

Existem, também, alguns tipos de orações subordinadas, como as temporais e as comparativas, que desencadeiam a pressuposição em (b):

(29) a. Eu já dirigia automóvel, quando você aprendeu a andar de velocípede.
    a'. Eu ainda não dirigia automóvel, quando você aprendeu a andar de velocípede.
    a". Eu já dirigia automóvel, quando você aprendeu a andar de velocípede?
    a'". Se eu já dirigia automóvel, quando você aprendeu a andar de velocípede...
    b. Você aprendeu a andar de velocípede.

(30) a. Ele é bem mais guloso do que você.
a'. Ele não é bem mais guloso do que você.
a". Ele é bem mais guloso do que você?
a'''. Se ele é bem mais guloso do que você...
b. Você é guloso.

Outros tipos de desencadeadores são os lexicais. Por exemplo, os verbos chamados factivos (*saber, esquecer, adivinhar* etc.) são desencadeadores porque eles pressupõem a verdade do seu complemento sentencial:

(31) a. O João sabe/esqueceu/adivinhou que os cachorros voam.
a'. O João não sabe/esqueceu/adivinhou que os cachorros voam.
a". O João sabe/esqueceu/adivinhou que os cachorros voam?
a'''. Se o João sabe/esqueceu/adivinhou que os cachorros voam...
b. Os cachorros voam.

Podemos constatar que a família de (a) toma (b) como verdade.[14] Contrariamente, os verbos não factivos (*imaginar, pensar, achar* etc.) não pressupõem a verdade de seus complementos. Em (32), não podemos dizer que a sentença (b) é tomada como verdade para se proferir a família da sentença (a):

(32) a. O João imagina/pensa/acha que os cachorros voam.
a'. O João não imagina/pensa/acha que os cachorros voam.
a". O João imagina/pensa/acha que os cachorros voam?
a'''. Se o João imagina/pensa/acha que os cachorros voam...
b. Os cachorros voam.

Outro exemplo de desencadeadores lexicais de pressuposição são expressões que denotam mudança de estado, como *parar de, iniciar em* etc. Essas expressões pressupõem o estado anterior à mudança ocorrida:

(33) a. O João parou de fumar.
a'. O João não parou de fumar.
a". O João parou de fumar?
a'''. Se o João parou de fumar...
b. O João fumava.

Existem, ainda, vários outros tipos de desencadeadores de pressuposição. Entretanto, o importante no nosso estudo não é conhecermos a lista desses desencadeadores para podermos estabelecer se existe a relação de pressuposição. O relevante é sabermos aplicar a definição para conseguirmos estabelecer ou não a pressuposição entre as sentenças.

De posse, pois, das informações anteriores, estabeleça a relação de pressuposição nos exercícios propostos a seguir.

Exercícios

1. Especifique as relações estabelecidas (acarretamento e/ou pressuposição) entre as sentenças (a) e (b), justificando a sua resposta de acordo com a definição (explicite a família de (a), no seu exercício):

1) a. O João não adivinhou que o Paulo estava aqui.
   b. O Paulo estava aqui.
2) a. O João adorou ter conseguido um emprego.
   b. O João conseguiu um emprego.
3) a. Sandra, você parou de vender perfumes?
   b. A Sandra vendia perfumes.
4) a. Não foi o José que roubou a loja.
   b. Alguém roubou a loja.
5) a. Se o Paulo esqueceu de fazer o dever, ele deve estar em apuros.
   b. O Paulo pretendia fazer o dever.
6) a. O João certificou-se de que a Maria tinha saído.
   b. A Maria tinha saído.
7) a. O inventor da penicilina não morreu.
   b. Existe alguém que inventou a penicilina.
8) a. O menino foi salvo por um lobo.
   b. Alguém foi salvo por um animal.
9) a. O rei da França é calvo.
   b. Existe um rei da França.
10) a. Não foi o D. João que declarou a independência.
    b. Alguém declarou a independência.
11) a. O João é solteiro.
    b. O João não é casado.
12) a. Não foi a Maria que perdeu o trem.
    b. Alguém perdeu o trem.
13) a. Que o João tenha fugido não aborreceu a Maria.
    b. O João fugiu.
14) a. O Paulo e o José ainda são jovens.
    b. O José é jovem.

15) a. O João acha que a Maria já saiu.
    b. A Maria saiu.
16) a. O João lamenta que a Maria o tenha deixado.
    b. A Maria deixou João.
17) a. Foi o José que deixou a porta aberta.
    b. Alguém deixou a porta aberta.
18) a. O Pedro assumiu que havia trancado o cofre.
    b. O Pedro havia trancado o cofre.
19) a. O inventor do saca-rolhas é um desconhecido.
    b. Existe alguém que inventou o saca-rolhas.
20) a. A Maria reconheceu seu erro.
    b. A Maria cometeu um erro.
21) a. Alguns dos alunos não vão se formar.
    b. Nem todo aluno vai se formar.
22) a. O Paulo e o José são poderosos.
    b. O Paulo é poderoso.
23) a. A Linda admitiu a culpa.
    b. A Linda era culpada.
24) a. Eu já falava inglês, francês e grego quando você aprendeu a falar inglês.
    b. Você aprendeu a falar inglês.
25) a. O Pelé, que foi um grande jogador de futebol, fez mais de mil gols.
    b. O Pelé foi um grande jogador de futebol.

II. Diga, das afirmações após o texto a seguir, se são (ou não) acarretamentos e/ou pressuposições, justificando as suas respostas pelas definições dessas noções:[15]

> Ex-chacrete desmente
>
> A ex-chacrete Josefina Canabrava desmentiu boatos do reatamento de seu casamento com Tim Tones. Tim Tones é filho do atual gerente das empresas Tabajara, Seu Creyson. Ela me garantiu que está muito bem sem o artista, e que até já arrumou um novo amor.

1) Josefina Canabrava foi chacrete, no passado.
2) Josefina Canabrava e Tim Tones foram casados por algum tempo.
3) O pai de Tim Tones ainda vive.
4) O pai de Tim Tones é Seu Creyson.
5) Seu Creyson trabalha nas empresas Tabajara como gerente.
6) Correram boatos de que Josefina Canabrava e Tim Tones reataram o casamento.
7) Josefina e Tim Tones não terminaram o casamento.

Indicações bibliográficas

Em português: Chierchia (2003, cap. 4), Pires de Oliveira (2001, cap. 2), Müller e Viotti (2001), Ilari e Geraldi (1987, cap. 4).
Em inglês: Saeed (1997, caps. 3 e 4), Chierchia e McConnell-Ginet (1990, cap. 1), Cruse (1986, caps. 4 e 6), Hurford e Heasley (1983, cap. 3), Kempson (1977, cap. 3) e Lyons (1977, cap. 7 e 9).

Notas

[1] Estou me referindo aqui apenas à noção de pressuposição lógica ou semântica; na literatura pragmática encontram-se outras noções de pressuposição das quais não tratarei neste livro.

[2] A notação [+...] e [-...] é usada para indicar que aquela propriedade é existente ou não no item lexical. Por exemplo, quando indico que *cachorro*: [+animal], estou me referindo ao fato de que a palavra *cachorro* contém a propriedade de ser animal; poderia afirmar, também, que *cachorro*: [-humano], pois a propriedade de ser humano não está presente no item lexical *cachorro*.

[3] A diferença entre (3) e (5) é gerada pela natureza relacional do adjetivo *alto*. Um objeto é de madeira ou não é. Entretanto, a noção de *alto* é relativa àquilo que o adjetivo está se referindo. Os jogadores de basquete são altos, de uma maneira geral, se os compararmos a outros indivíduos. Mas, quando nos referimos a jogadores de basquete, 1,80m é ser alto em geral, mas não é alto para um jogador de basquete; a média de altura de jogadores de basquete é de 1,90m – logo, um jogador de basquete de 1,80m não é um jogador de basquete alto. O que acontece com o exemplo em (5) é que o adjetivo *alto*, usado em (a), está se referindo aos indivíduos em geral e, em (b), está se referindo aos jogadores de basquete. Por isso, o conteúdo de (5b) não está contido, necessariamente, em (5a).

[4] Veja que podemos usar uma ou outra definição, pois todas têm o mesmo sentido. O que veremos é que, metodologicamente, para estabelecer os acarretamentos, às vezes é mais fácil empregar determinada definição.

[5] Duas sentenças são contraditórias quando elas estiverem descrevendo situações que são impossíveis de ocorrer simultaneamente no mundo.

[6] Os exemplos e os exercícios apresentados neste capítulo, sobre acarretamentos e pressuposições, são tirados ou adaptados de Cançado (1999), Ilari e Geraldi (1987) ou traduzidos e adaptados de Chierchia e McConnell-Ginet (1990), Hurford e Heasley (1983) e Saeed (1997).

[7] A pressuposição é tratada pela literatura sob diferentes perspectivas. Existem autores que a concebem dentro da abordagem referencial, como está sendo aqui tratada (Chierchia e McConnell-Ginet, 1990; Chierchia, 2003; Lyons, 1977; Kempson, 1977; entre outros); outros que as dividem em pressuposições semânticas e pressuposições pragmáticas (Leech, 1981); e outros que as concebem somente como relações pragmáticas (Stalnaker, 1974; Lewis, 1979; e Sperber e Wilson, 1995).

[8] É bom realçar que os termos *tomar como verdade* e *pressupor*, na linguagem cotidiana, são usados no mesmo sentido – *Para falar aquilo, Maria tomou como verdade/pressupôs que sua amiga conhecia o homem*. Na concepção semântica da pressuposição, essas duas noções são distintas, sendo a primeira uma condição necessária para a segunda. Ou seja, para que haja a pressuposição, é necessário que todas as quatro formas da sentença – afirmativa, negativa, interrogativa e condicional – tomem como verdade um determinado conteúdo. Sigo, aqui, a definição de Chierchia e McConnell-Ginet (1990). Muitos autores assumem que é necessário somente que as formas afirmativa e negativa da sentença (a) tomem (b) como verdade.

[9] Por razões óbvias, a relação de pressuposição pode ser estabelecida a partir de qualquer uma das quatro formas da família da sentença (a), e não somente a partir da afirmativa.

[10] A interrogativa e a condicional podem ser feitas a partir da afirmativa ou da negativa; as duas formas funcionarão da mesma maneira.

[11] Estou situando as sentenças, exatamente, para mostrar que, quando existe uma relação de contradição entre duas sentenças, não existe situação possível no mundo em que essas sentenças ocorrem. Veja que (24a) e a negação de (24b) não são contraditórias, pois existem situações no mundo em que é possível a ocorrência das duas sentenças simultaneamente; portanto, não existe relação de acarretamento entre (24a) e (24b). Não confunda esse teste com a ideia de que o acarretamento e a contradição são noções associadas ao uso da língua.

[12] Fique atento para a negação de (24b): a negação incide sobre o quantificador *alguém* e, portanto, temos *Ninguém tirou nota boa*. Veja que *Alguém não tirou nota boa* não é uma negação da sentença *Alguém tirou nota boa*; o que existe entre as duas sentenças é uma relação de implicatura conversacional.

[13] "Clivagem é um termo usado na descrição gramatical com referência a uma construção denominada oração clivada: trata-se de uma única oração dividida em duas partes, cada uma com um verbo" (Crystal, 1985: 49).

[14] Repare que *tomar alguma coisa como verdade* não significa, necessariamente, que essa coisa seja verdade no mundo.

[15] Esse exercício é baseado em Ilari (2001).

Outras propriedades semânticas

Sinonímia e paráfrase

Neste capítulo, continuaremos a estudar algumas propriedades semânticas sob uma perspectiva referencial, isto é, vamos nos valer de noções como referência no mundo e valor de verdade das sentenças para tratar de alguns fenômenos do significado. A primeira propriedade a ser investigada será a sinonímia. A sinonímia lexical ocorre entre pares de palavras e expressões; entretanto, definir exatamente essa relação é uma questão complexa, que vem perseguindo estudiosos da linguagem há séculos. Uma primeira definição poderia ser: sinonímia é identidade de significados. Mas afirmar apenas isso não basta, pois é uma afirmação muito ampla e que exige um certo refinamento. Vejamos algumas observações. Seguindo Ilari e Geraldi (1987), podemos primeiro refletir que, para duas expressões serem sinônimas, não basta que tenham a mesma referência no mundo. Veja o exemplo:

(1) a. os alunos de Educação Física da UFMG
    b. os alunos mais fortes da UFMG

Se eu disser que os alunos de Educação Física da UFMG são os alunos mais fortes da UFMG, eu estou me referindo a um mesmo grupo de pessoas no mundo; entretanto, isso não basta para dizer que as expressões em (1) sejam sinônimas, pois não têm o mesmo sentido, ou seja, não denotam as mesmas propriedades no mundo. Então, um primeiro ponto a ser salientado é que ter somente a mesma referência não é uma condição suficiente para que haja sinonímia. Além de terem a mesma referência, é necessário, também, que as expressões tenham o mesmo sentido. Mas o que significa ter o mesmo sentido? Assume-se que saber o sentido de uma sentença é ser capaz, em determinadas circunstâncias, de dizer se ela é verdadeira ou falsa. Duas sentenças que têm o mesmo sentido, quando se referem ao mesmo conjunto de fatos no mundo, têm de ser ambas verdadeiras, ou ambas falsas. Transpondo essa noção de sentido da sentença para o sentido da palavra ou expressão, Ilari e Geraldi (1987: 44-5) afirmam que "podemos dizer que duas palavras são sinônimas sempre que podem ser substituídas no contexto de qualquer frase sem que a frase passe de falsa a verdadeira, ou vice-versa". Vejamos um exemplo, adaptado de Ilari e Geraldi:

(2) a. Toda menina sonha virar mulher um dia.
b. Toda garota sonha virar mulher um dia.

Podemos dizer tanto de (a) quanto de (b) que não alteramos a verdade ou a falsidade das sentenças. Isso decorre do fato de que as palavras *menina* e *garota* têm o mesmo sentido e referência nas sentenças. Entretanto, apesar de uma primeira impressão nos levar a concluir que as palavras *menina* e *garota* são sinônimas, podemos achar um determinado contexto em que isso não se sustenta:

(3) a. A Maria não se irrita quando a chamam de menina, mas não suporta ser chamada de garota.
b. A Maria não se irrita quando a chamam de garota, mas não suporta ser chamada de menina.

Se trocarmos as palavras *menina* e *garota* em (3), alteraremos os sentidos e as referências das duas sentenças e, consequentemente, a verdade ou a falsidade da sentença em (3a) passa a ser diferente da sentença em (3b); portanto, não podemos considerar as palavras *menina* e *garota* sinônimas no contexto de (3).

Com os exemplos, percebemos que não é possível pensar em sinonímia de palavras fora do contexto em que estas são empregadas. Ainda, na maioria dos casos, pode-se dizer apenas que existe uma sinonímia baseada somente no significado conceitual da palavra, sem se levar em conta o estilo, as associações sociais ou dialetais, ou mesmo os registros. As palavras *bandido* e *meliante*, por exemplo, podem ser intercambiáveis em determinados contextos, porém, provavelmente, a segunda ocorrência será mais usada por um policial e a primeira tem um uso corrente. Segundo Cruse (1986), é impossível se falar em sinônimos perfeitos; só faz sentido se falar em sinonímia gradual, ou seja, as palavras, mesmo consideradas sinônimas, sempre sofrem um tipo de especialização de sentido ou de uso.

Passemos agora para a noção de sinonímia entre sentenças, também chamada de paráfrase. A noção de uma sentença ser sinônima ou paráfrase de outra é uma questão tão complexa quanto a sinonímia entre palavras e expressões. Se o conteúdo explícito ou o significado informacional é o que interessa, então as sentenças a seguir podem ser aceitas como sinônimas (adotarei o nome de sinonímia, mesmo para sentenças, seguindo Chierchia e McConnell-Ginet, 1990):

(4) a. Aquelas mulheres do canto estão chamando.
b. Aquelas senhoras do canto estão chamando.
c. Aquelas damas do canto estão chamando.

Imaginemos que o gerente de um restaurante tenha dito a sentença (4a) para um garçom, que não a escutou bem, e que pergunta ao seu colega o que foi que o gerente lhe disse. O colega lhe responde: "Ele disse que...". A escolha entre qualquer das outras duas sentenças não faria diferença. Acredito que, na situação proposta, não há diferença em se empregar uma das três sentenças anteriores e que os falantes do português brasileiro concordarão que elas têm o mesmo conteúdo ou se equivalem semanticamente. A noção de sinonímia envolvida aqui é o que Chierchia e McConnell-Ginet (1990) chamam de sinonímia de conteúdo e que pode ser definida como:

(5) A sentença (a) é sinônimo de conteúdo da sentença (b), quando (a) acarretar (b) e (b) acarretar (a).

Uma sinonímia de conteúdo requer somente que as sentenças (a) e (b) sejam verdadeiras, exatamente nas mesmas circunstâncias.

Entretanto, assim como para a sinonímia entre palavras, existe uma outra perspectiva em que os falantes julgam que as sentenças em (4) têm diferentes significados e que, portanto, não são totalmente sinônimas. Escolhendo uma e não a outra sentença, os falantes podem estar passando alguma informação importante sobre atitudes em relação à situação e sobre os envolvidos nela. Essas diferenças são tradicionalmente conhecidas como conotação. Imaginemos agora que o colega tenha escolhido a sentença (4c), para se referir às mulheres da mesa do canto; por acaso, uma delas escuta e não gosta do emprego da palavra *damas*. Ela faz uma reclamação ao gerente e o garçom pode se encontrar em apuros. Nesse caso, vemos que as sentenças em (4) não são totalmente sinônimas e a palavra *damas* teve uma conotação diferente para a cliente.

Vejamos outros exemplos em que se nota essa diferença de perspectiva. As sentenças ativas e passivas, em geral, são consideradas como exemplos de sentenças sinônimas:

(6) a. Todo mundo nesta sala fala duas línguas.
b. Duas línguas são faladas por todo mundo nesta sala.
(7) a. A polícia procura a Sara.
b. A Sara é procurada pela polícia.

Muitos poderiam dizer que (6) e (7) são pares de sentenças sinônimas. Entretanto, em (6), por exemplo, não há um consenso se as duas sentenças têm exatamente os mesmos acarretamentos. É provável que (6a) tenha duas interpretações: existem duas línguas e todos falam essas duas; e, em outra interpretação, cada um fala duas línguas diferentes. E (6b), provavelmente, acarreta somente a primeira versão: existem duas línguas que todos falam. Assim, não poderíamos analisar as duas sentenças como exemplo de acarretamento mútuo, que é a condição para que haja sinonímia entre sentenças, pois (6a) contém mais informações que (6b). Além disso, ainda podemos levar em conta que a escolha do tópico da sentença também altera a informação passada; a escolha de perspectiva por um falante nunca é ingênua e sem significação. Existe a opção de se colocar em evidência alguma coisa, de se esconder alguma coisa etc. Em (7), apesar de podermos afirmar que existe um acarretamento mútuo entre (a) e (b), mesmo assim parece que temos uma interpretação preferencial em que (b) quer dizer que Sara é uma criminosa, enquanto (a) parece sugerir que Sara está apenas desaparecida.

Existe, ainda, outra maneira em que sentenças aparentemente sinônimas podem ter diferenças de significado: é a questão da entonação e do foco.[1] Por exemplo, nas sentenças a seguir, a resposta adequada para a pergunta entre parênteses vai depender da expressão em que o falante coloca o foco:

(8) a. A MARIA bateu o bolo. (Quem bateu o bolo?)
b. A Maria bateu o BOLO. (O que a Maria bateu?)

Portanto, novamente chegamos à conclusão de que, mesmo entre sentenças, a sinonímia perfeita não existe. Isso se procurarmos duas sentenças idênticas em termos de estrutura sintática, de entonação, de sugestões, de possibilidades metafóricas e até mesmo de estruturas fonéticas e fonológicas. Se esperarmos encontrar a sinonímia nessas circunstâncias, então não é com surpresa que poderemos afirmar que esta não existe.

Por outro lado, algum tipo de sinonímia tem de ser levado em conta. Como poderíamos fazer traduções ou recontar histórias que nos foram contadas, por exemplo? Algum tipo de equivalência semântica entre palavras e sentenças tem que ser tomada como base para se fazer operações linguísticas dessa natureza. A proposta é que tomemos o acarretamento mútuo, ou seja, somente o conteúdo semântico das sentenças, como sendo essa noção básica para o que quer que seja a relação de sinonímia. É o acarretamento mútuo que garante a possibilidade de se fazerem traduções de uma língua para outra, ou para se recontarem histórias, entre outras atividades. Evidentemente, mesmo para traduções ou paráfrases de textos, algo mais é necessário do que somente a sinonímia de conteúdo, mas garantir o acarretamento mútuo entre as sentenças dessas operações linguísticas é, sem dúvida, o ponto de partida.

Exercícios

1. Diga se as sentenças seguintes são exemplos de sinonímias de conteúdo. Justifique sua resposta pela definição estudada e faça os comentários pertinentes em relação ao uso desses exemplos na língua:

   1) a. A Maria não está viva.
      b. A Maria está morta.
   2) a. O João é casado.
      b. O João não é solteiro.
   3) a. O Carlos é o pai do André.
      b. O André é o filho do Carlos.
   4) a. O único país da América que tem o português como língua é uma república.
      b. O único país que fala português na América é uma república.
   5) a. Aquela pessoa é muito esperta.
      b. Aquele indivíduo é muito esperto.
   6) a. A Maria falou que o André saiu.
      b. A Maria disse que o André saiu.
   7) a. Todos os trabalhadores dessa empresa recebem dois benefícios.
      b. Dois benefícios são recebidos por todos os trabalhadores dessa empresa.
   8) a. Aquela menina é muito tagarela.
      b. Aquela menina é muito faladora.
   9) a. A Maria é linda.
      b. A Maria é muito bonita.
   10) a. O Pedro trabalha comigo.
       b. Eu trabalho com o Pedro.
   11) a. O João quebrou o vaso.
       b. O vaso foi quebrado pelo João.
   12) a. A Maria está bonita hoje.
       b. Que bonita está a Maria hoje.
       c. Hoje, a Maria está bonita.
   13) a. Eu comi UM CHOCOLATE.
       b. EU comi um chocolate.
   14) a. A gente quer a liberdade.
       b. Nós almejamos a liberdade.
   15) a. Os velhos não são respeitados neste país.
       b. Os idosos não são respeitados neste país.

Antonímia e contradição

Geralmente, define-se antonímia como sendo uma oposição de sentidos entre as palavras. Entretanto, apenas essa definição não é suficiente, visto que os sentidos das palavras podem se opor de várias formas, ou mesmo que existem palavras que nem têm um oposto verdadeiro. Por exemplo, *quente* não faz oposição a *frio* de uma mesma maneira que *vender* opõe-se a *comprar*; ou *alto* não faz oposição a *baixo* de uma mesma maneira que *morto* opõe-se a *vivo*. Por isso, seguindo Hurford e Heasley (1983), não falarei simplesmente de oposição de sentidos, mas tentarei delimitar alguns tipos de oposição existentes, assumindo três tipos básicos de antonímia. Um primeiro tipo é a antonímia binária ou complementar. Antônimos binários são pares de palavras que, quando uma é aplicada, a outra necessariamente não pode ser aplicada. Em outras palavras, a negação de uma implica na afirmação da outra. Por exemplo:

(9) a. morto/vivo
b. móvel/imóvel
c. igual/diferente

Quando dizemos que alguém está morto, necessariamente este alguém não está vivo, e vice-versa. Se algo está móvel, necessariamente ele não pode estar imóvel, e vice-versa. Por fim, se duas coisas são iguais, elas não podem ser diferentes, necessariamente, e vice-versa.

Um segundo tipo de antônimo é chamado de inverso. Quando uma palavra descreve a relação entre duas coisas ou pessoas e uma outra palavra descreve essa mesma relação, mas em uma ordem inversa, tem-se, então, o antônimo inverso. Exemplos dessa relação são:

(10) a. pai/filho
b. menor que/maior que

Se X é pai de Y, então Y é filho de X; temos a mesma relação em ordem inversa. O mesmo se dá em (b): se X é menor que Y, então Y é maior que X.

Um terceiro tipo é o gradativo. Duas palavras são antônimas gradativas quando estão nos terminais opostos de uma escala contínua de valores. Note que a negação de um termo não implica a afirmação do outro. Ainda, uma escala geralmente varia de acordo com o contexto usado. Vejamos um exemplo:

(11) a. quente/frio
b. alto/baixo

Entre *quente* e *frio*, certamente, teremos uma escala como *morno* etc. Entre *alto* e *baixo*, teremos o *médio* etc. Como realcei anteriormente, a negação de uma não implica a afirmação da outra. Veja que se uma coisa não é quente, não implica que esta seja fria; ela pode ser morna. Se alguém não é alto, não implica que ele seja baixo. Também termos desse tipo dependem do contexto. Uma temperatura quente no Alasca pode ser fria no Brasil; o que pode ser uma pessoa alta para os pigmeus pode ser uma pessoa baixa para nós. Essa relação gradativa é, tipicamente, associada a adjetivos. Em geral, um teste para percebermos a gradação nas palavras, como nesse caso de antonímia, é verificar se essas palavras combinam com expressões do tipo *meio*, *um pouco*, *muito* etc. Por exemplo, temos a expressão *meio quente* ou *muito alto*, mas não temos *um pouco pai*, *meio móvel* etc.

Estendendo a ideia mais geral de antonímia, ou seja, a oposição de sentidos para as sentenças, temos o que se chama de contradição. Entretanto, a contradição não se comporta exatamente como a antonímia no que diz respeito à sua classificação. Muitas vezes, temos até mesmo a antonímia entre palavras de determinadas sentenças, mas não ocorre a contradição entre essas mesmas sentenças. Vejamos, pois, do que se trata a contradição.

A contradição está intimamente ligada à noção de acarretamento, como já vimos no capítulo "Implicações". Quando dizemos que "*O João beijou a Maria* acarreta *A Maria foi beijada pelo João*", fomos guiados pelo julgamento de que, em (12), a conjunção de (a) com a negação de (b) é contraditória:

(12) #O João beijou a Maria, mas a Maria não foi beijada pelo João.²

O que significa dizer que (12) é contraditório? Significa que os dois fatos descritos pela sentença (12) não podem se realizar ao mesmo tempo e nem nas mesmas circunstâncias no mundo. Temos, então, a definição:

(13) A sentença (a) é contraditória quando (a) nunca puder ser verdadeira; ou quando não existir uma situação possível no mundo descrita por (a).

A contradição também pode ser pensada como uma relação entre sentenças. Se eu digo, de uma mesma mesa, as seguintes sentenças:

(14) a. Esta mesa é quadrada.
b. Esta mesa é redonda.

posso afirmar que as sentenças em (14) são contraditórias; e teremos a seguinte definição, segundo Chierchia e McConnell-Ginet (1990):

(15) As sentenças (a) e (b) são contraditórias quando:
• (a) e (b) não puderem ser verdadeiras ao mesmo tempo; se (a) for verdade, (b) é falsa; e quando (b) for verdade, (a) é falsa;

=

• a situação descrita pela sentença (a) não pode ser a mesma situação descrita pela sentença (b).

A contradição, assim como a antonímia, pode ocorrer de várias maneiras. Muitas vezes, é a presença de palavras antônimas, existentes nas sentenças, que desencadeia as ideias contraditórias. Por exemplo, a antonímia binária, em que a utilização de uma palavra implica a impossibilidade da utilização de outra, pode desencadear uma relação de contradição nas sentenças:

(16) a. #O João está morto e vivo.
b. #Essa moça que está calada está falando.

Quando se tem o antônimo gradativo, ou seja, palavras que estão em terminais opostos de uma escala em uma mesma sentença, também podemos ter uma relação de contradição:

(17) a. #O dia está quente e está frio.
b. #O homem é alto e pequeno.

Em antônimos inversos, se fixarmos o mesmo referente, igualmente podemos ter o desencadeamento de uma contradição:

(18) a. #Este homem é pai do José, mas também é filho do José.
b. #O João é maior que a Maria e menor que a Maria.

Entretanto, não é só a antonímia de itens lexicais que desencadeia uma relação de contradição. Um exemplo seria a utilização da negação de uma afirmação anterior:

(19) a. #A Maria viajou, mas a Maria não viajou.
b. #O João está vivo, mas não está vivo.

Outra maneira de expressar a contradição, sem usar antonímias, é negar uma das propriedades semânticas contidas em um item lexical:

(20) a. #Meu irmão mora em Paris, mas meu irmão nunca esteve em Paris.
b. #Eu viajei de avião, mas nunca andei de avião.

Ou seja, quem mora já esteve, e quem viajou de algum meio de transporte já andou desse meio; se negarmos essas propriedades, estaremos sendo contraditórios.

Também não é sempre que ocorre a antonímia que teremos sentenças contraditórias. As situações descritas a seguir são perfeitamente possíveis de ocorrer no mundo, apesar de os pares de sentenças conterem antônimos:

(21) Eu encontrei um rato morto no banheiro e encontrei um rato vivo no banheiro.
(22) Algumas pessoas amam o Brasil, mas algumas pessoas detestam o Brasil.
(23) João comprou três animais machos como bichinhos de estimação e comprou três animais fêmeas como bichinhos de estimação.

A utilização da quantificação através dos itens *um*, *algumas* e *três* faz alternar os referentes dos sintagmas nas sentenças (21), (22) e (23), possibilitando a utilização dos pares antônimos. Também a utilização de antônimos inversos nem sempre gera uma contradição:

(24) O João comprou a casa e o João vendeu a casa.
(25) O João é pai do José e o filho do Antônio.

Vale realçar que a contradição, apesar de exprimir situações impossíveis de ocorrer simultaneamente no mundo, é muito utilizada na linguagem como um instrumento do discurso: o que é contraditório serve para passar alguma informação extrassentencial, isto é, podemos inferir, pragmaticamente, informações além das que estão explícitas na sentença.[3] São perfeitamente interpretáveis sentenças como:

(26) – Esse aluno é inteligente?
 – Ele é e não é.

Acredito que a maior parte dos ouvintes entenderia a contradição anterior como: o aluno é inteligente em algumas coisas, mas em outras, não. Essa possibilidade tem relação com a imprecisão semântica, ou natureza relacional, de itens lexicais tais como: *inteligente*, *grande*, *bonito* etc. A contradição pode ser ainda um rico instrumento para textos literários e poéticos.

Exercícios

1. Identifique o tipo de antonímia que se encontra nos pares de palavras a seguir:
    1) amor/ódio
    2) adulto/criança

3) grosso/fino
4) preto/branco
5) solteiro/casado
6) em cima/embaixo
7) avô/neto
8) comprar/vender
9) grande/pequeno
10) melhor que/pior que
11) cachorro/cadela
12) fácil/difícil
13) macho/fêmea
14) urbano/rural
15) bom/ruim

II. Verifique se os pares de sentenças seguintes são contraditórios (assuma a mesma referência nos pares) e o que está gerando a contradição:
1) a. O Paulo está alegre.
   b. O Paulo está triste.
2) a. O Paulo não gosta de futebol.
   b. O Paulo vai ao campo de futebol.
3) a. A Maria é mãe da Rosa.
   b. A Rosa não é filha da Maria.
4) a. A mesa daquele canto é toda de madeira.
   b. A mesa daquele canto é toda de ferro.
5) a. O quarto 202 é em cima do 102.
   b. O quarto 102 é embaixo do 202.
6) a. As pessoas saudáveis moram no campo.
   b. As pessoas saudáveis moram na cidade.
7) a. Algumas pessoas saudáveis moram no campo.
   b. Algumas pessoas saudáveis moram na cidade.
8) a. A Maria é casada com o João.
   b. O João é viúvo.
9) a. O Paulo é o irmão mais velho do Pedro.
   b. O Pedro é filho único.
10) a. O João gosta muito de dormir.
    b. O João acorda cedo todos os dias.

III. Aponte as contradições semânticas do soneto (use a definição):
Amor é fogo que arde sem se ver;
É ferida que dói e não se sente;

É um contentamento descontente;
É dor que desatina sem doer;
É um não querer mais que bem querer
É solitário andar por entre a gente;
É nunca contentar-se de contente;
É cuidar que se ganha em se perder;
É querer estar preso por vontade;
É servir a quem vence, o vencedor;
É ter com quem nos mata lealdade.
Mas como causar pode seu favor
Nos corações humanos amizade,
Se tão contrário a si é o mesmo Amor?
(Camões, *Lírica*)

Anomalia

Sentenças boas gramaticalmente, mas claramente incoerentes ou totalmente sem sentido, que não geram nenhum tipo de acarretamento, são chamadas, pelos linguistas, de anomalias:

(27) a. A raiz quadrada da mesa da Mila bebe humanidade.
   b. As não coloridas ideias verdes dormem furiosamente.
   c. Rir é muito úmido.
   d. O fato de que queijo é verde tropeçou inadvertidamente.
   e. Minha escova é loira e alta.
   f. Ser um teorema assusta consternação.

As noções de contradição e de anomalia, às vezes, se confundem. Porém, a estranheza ou incoerência de uma frase contraditória, como *O João é careca e cabeludo*, é que duas situações possíveis e não problemáticas, isoladamente, foram colocadas juntas. Se isolarmos as sentenças, é perfeitamente possível deduzir verdades das duas sentenças. Mas as sentenças em (27) são estranhas por outros motivos. Não há como gerar nenhum tipo de acarretamento, isto é, uma verdade necessária, a partir de uma sentença anômala. Podemos até imaginar uma maneira de interpretar as sentenças, usando inferências de natureza pragmática. Por exemplo, em (27e) eu poderia interpretar que a escova tem o formato de uma mulher, mas, certamente, essa interpretação não seria necessariamente verdade para todos. Normalmente, poetas usam, além da contradição, uma linguagem anômala para sugerir as mais diversas interpretações aos leitores: a sentença (27b), famoso exemplo de Chomsky (1975), é a linha final de um poema de John Hollander.

Chomsky (1965) introduziu a noção de restrições selecionais para marcar tais sentenças como agramaticais.[4] Imaginemos que todo falante de português, ao adquirir o verbo *beber* como integrante de seu léxico, também adquire a informação lexical de que o seu complemento é alguma coisa bebível ou, de uma maneira mais geral, algo líquido; e que o seu sujeito designa alguma coisa que seja um bebedor ou, mais geralmente, um ente animado. A ideia é que o léxico fornece um mecanismo, assegurando que *beber* selecione somente argumentos[5] que satisfaçam essas condições. Na informação dada no léxico, *beber* deve estar marcado com os seguintes traços selecionais:

(28) beber: V, [$_{SN}$ [+animado]] _____ [$_{SN}$ [+líquido]]

Em (28), entende-se que *beber* só deve ser inserido nos contextos sentenciais em que haja um sujeito animado precedente e um objeto líquido posposto. As especificações dos SNs (sintagmas nominais)[6] são dadas a partir do núcleo do sintagma. Veja o exemplo:

(29) O menino bebeu a água.

Para que essa sentença seja gramatical, *menino* deve ser marcado com o traço [+animado] e água, com o traço [+líquido]. Realmente é o que ocorre. Entretanto, se você ouvir uma sentença como:

(30) ?O campo bebeu toda a água da chuva.[7]

você diria que uma sentença como (30) é anômala? Dificilmente alguém acharia a sentença incoerente, embora ela esteja violando uma das restrições selecionais dos itens lexicais aí envolvidos. Provavelmente todos interpretaríamos a sentença de um mesmo modo: atribuiríamos o traço [+animado] ao campo e, de uma maneira metafórica, interpretaríamos a sentença. A essa altura, fica fácil perceber que também as anomalias são graduais, ou seja, há sentenças com um grau menor de anomalia, como (30), facilmente transformáveis em sentenças aceitas semanticamente e interpretáveis de uma única maneira. Em outras sentenças, altamente anômalas, por mais que alteremos os traços selecionais, não conseguimos chegar a uma interpretação única, ou mesmo coerente. Acredito ser o caso das sentenças em (27). Nesse ponto, esbarramos de novo na divisão do que é do campo da semântica e do que é do campo da pragmática.

Por isso é necessário realçar que as restrições selecionais são somente uma primeira fonte de restrições, que não conseguem limitar todas as possíveis ocorrências anômalas de uma sentença. Mesmo no caso em que não há transformações metafóricas, podem ocorrer outros tipos de problemas. Vejamos as restrições selecionais para o verbo *ler*:

(31) ler: V, [$_{SN}$ [+humano]] _____ [$_{SN}$ [-abstrato]]

As informações em (31) poderiam gerar uma sentença como:

(32) *O analfabeto leu o carro.

Para restringirmos ao máximo as ocorrências com o verbo *ler*, teríamos que, praticamente, reescrever o sentido específico do verbo em suas restrições selecionais; ou seja, [-analfabeto] para o sujeito e [+legível] para o objeto, o que não traz nenhuma vantagem do ponto de vista de uma teoria. Por isso, vamos tomar as restrições selecionais de um item lexical apenas como um ponto de partida, uma estratégia mais geral que o falante adquire, juntamente com outras informações lexicais, para evitar as construções de sentenças anômalas, ou mesmo para construí-las intencionalmente.

Exercícios

I. Considerados os exemplos em (27), explique, em termos de restrições selecionais, por que há anomalia.
II. Identifique nas sentenças seguintes o que é anomalia ou contradição. Justifique sua resposta, usando as definições estudadas:
1) O Pedro é bígamo, mas não é verdade que ele tenha duas mulheres.
2) Falar pedras significa chorar quente.
3) Imenso trabalho nos custa a flor.
4) O Frederico é mais novo que o Henrique, mas o Frederico nasceu antes do Henrique.
5) O coração pulverizado range sob o peso nervoso.
6) Os olhos de vidro devoram os braços da musa sem braços.
7) O cachorro manso bravo falou mais alto que o homem.
8) Aquela mulher alta é muito pequena.
9) A cadeira bebeu a esperança do menino.
10) A cortina falou ao telefone.

Dêixis e anáfora

A separação entre Semântica e Pragmática, como estamos vendo, não é feita sem problemas. Assumi, aqui, que a Semântica, ao contrário da Pragmática, estuda o significado da sentença fora do uso, sem inseri-la em um contexto. Embora essa distinção seja útil, às vezes pode nos levar a enganos. Um exemplo desse fato pode ser ilustrado pela noção de *dêixis*.[8] Os elementos dêiticos permitem identificar pessoas, coisas, momentos e lugares a partir da situação da fala, ou seja, a partir do contexto. Podemos associar os elementos dêiticos, de uma maneira mais geral, aos pronomes demonstrativos, aos pronomes pessoais, aos tempos de verbos e aos advérbios de lugar e de tempo. São elementos cujas interpretações dependem de informações contextuais, embora exista um caráter sistemático para a interpretação desses elementos. Vejamos exemplos:

(33) a. Este gato é muito bonito.
b. Eu adoro chocolate.
c. Aqui é o país da impunidade.
d. Aquele ali, eu levo.

Temos em (33) expressões que só podemos entender se nos remetermos ao contexto de fala. Em (33a), o falante tem que apontar o gato no mundo para que o ouvinte encontre a que gato ele se refere; em (33b), o ouvinte tem que localizar o indivíduo que fala para saber a quem a palavra *eu* se refere; em (33c), o ouvinte tem que saber onde o falante está situado para identificar sobre qual país ele fala; em (33d), só o apontamento leva o ouvinte a identificar qual é o objeto a ser levado. Portanto, dependemos do contexto para encontrar os referentes desses elementos. Ou seja, a referência varia de acordo com a situação de fala. Entretanto, o sentido permanece o mesmo. É fácil perceber que o sentido das orações em (33) não varia. Se eu digo: "Este gato é muito bonito", o sentido dessa sentença será o de existe um determinado animal, mamífero, felino, que tem como qualidade ser bonito, em qualquer contexto. O que vai variar é o referente do gato no mundo. Seguindo Ilari e Geraldi (1987), podemos entender que o sentido dos dêiticos é um certo "roteiro para encontrar referentes". Por exemplo, a palavra *eu* tem por sentido um roteiro que consiste em identificar o falante; *aqui* tem por sentido um roteiro que consiste em identificar o lugar da fala; e assim por diante. Essa peculiaridade da interpretação dos dêiticos permite-nos, desde já, ilustrar a distinção existente entre *sentido* e *referência*, noções estas que serão estudadas mais à frente.

Veja que a contextualização envolvida no processo da dêixis é bem distinta da envolvida no uso do conhecimento pragmático, para a interpretação de determinadas sentenças. Quando lidamos com o conhecimento pragmático para atribuirmos significado às sentenças, este varia de acordo com o contexto e, também, distancia-se muito do sentido semântico da própria sentença. Basta retomarmos a sentença *A porta está aberta*, exemplo (5) do capítulo "A investigação do significado", para identificarmos os vários significados que ela adquire de acordo com o contexto usado, totalmente distintos do sentido literal da sentença.

Entretanto, essa posição não é unânime na literatura, e muitos autores assumem a *dêixis* como uma propriedade pragmática, abrangendo não só a dêixis de pessoa, de tempo e de lugar, mas também a dêixis de discurso e a dêixis social. Segundo Benveniste (1976), a dêixis é um fenômeno que demonstra a presença do homem na língua, colocando em discussão algumas visões que limitam o estudo da significação. É um fenômeno que tem como traço a distinção da linguagem humana das linguagens artificiais, tornando-a ágil e apropriada para o uso em situações correntes. Portanto, é importante se estudar a *dêixis* também do ponto de vista pragmático, ampliando a compreensão de tal fenômeno.[9]

Continuando com a noção de referencialidade, vamos distinguir agora o fenômeno da anáfora do fenômeno da dêixis. A anáfora também consiste em identificar objetos, pessoas, momentos, lugares e ações; entretanto, isso se dá por uma referência a outros objetos, pessoas etc., anteriormente mencionados no discurso ou na sentença:

(34) a. Tem *uma mulher* aí fora. *Ela* quer vender livros.
b. Avise *a Teresa* que saí, se *ela* ligar.
c. *O técnico* insistiu que *ele* não achava nada errado no computador.

As expressões em itálico são entendidas como sendo correferenciais (têm a mesma referência no mundo); os itens sublinhados e itálicos funcionam como antecedentes, já os outros itens só em itálico são referencialmente dependentes dos antecedentes. Dizemos que as expressões são interpretadas anaforicamente, quando sua interpretação é derivada da expressão antecedente. Existem expressões que podem ser usadas ora como dêiticas (35a), ora como anafóricas (35b). Entretanto, existem algumas que só podem ser interpretadas anaforicamente (36); não existe maneira de apontá-las no mundo:

(35) a. *Ela* já saiu. (dêixis)
b. *A Maria* estava na sala, mas *ela* já saiu. (anáfora ou dêixis)
(36) a. *Maria* está orgulhosa de *si mesma*.
b. *Si mesma já saiu.

Na literatura linguística, usa-se a mesma letra (em geral, as letras i, j, k), colocadas abaixo do antecedente e do referente, para indicar a correferência entre as expressões:

(37) a. Tem uma mulher$_i$ aí fora. Ela$_i$ quer vender livros.
b. Avise a Teresa$_j$ que saí, se ela$_j$ ligar.
c. O técnico$_k$ insistiu que ele$_k$ não achava nada de errado no computador.

Essas conexões referenciais podem ser mais complexas do que as apresentadas em (37). Vejamos alguns exemplos:

(38) a. [Toda mulher]$_i$ pensa que ela$_i$ dará uma educação melhor ao [seu]$_i$ filho do que [sua]$_i$ mãe deu.
   b. [Nenhum homem]$_i$ deveria [se]$_i$ culpar pelos erros de [seus]$_i$ filhos.

Expressões como *toda mulher* e *nenhum homem* não se referem, no sentido intuitivo, a uma determinada pessoa no mundo. Mesmo assim, dizemos que a relação dessas expressões com a anáfora é uma relação de correferência, pois podemos interpretar a expressão *toda mulher* como sendo "cada mulher pertencente ao conjunto das mulheres"; e também podemos interpretar a expressão *nenhum homem* como sendo "não é verdade que para cada homem pertencente ao conjunto dos homens". Ainda podemos ter outros tipos de correferência:

(39) [Quais candidatos]$_i$ votarão [neles mesmos]$_i$?
(40) A Gina$_i$ pediu para a Maria$_j$ que elas$_{[i+j]}$ saíssem da sala.
(41) O Carlos pescou [alguns peixes]$_i$ e o Marcos os$_i$ cozinhou.
(42) Se o José$_i$ vir a Maria$_j$, ele$_i$ a$_j$ desculpará.

Julgamento sobre possibilidades de correferência é um conhecimento linguístico que todo falante tem e é um dado fundamental para o estudo da Linguística. Existem casos em que os julgamentos são chamados de referências disjuntivas. De acordo com o julgamento dos falantes, as sentenças seguintes não podem ser interpretadas como sendo anaforicamente relacionadas:

(43) a. *Si mesma$_i$ é orgulhosa da Maria$_i$.
   b. *A Teresa$_i$ a$_i$ encontrou, saindo do cinema.
   c. *Ele$_i$ insistiu que [o técnico]$_i$ não achou nada.

As sentenças (43b) e (43c) só se tornam gramaticais se elas forem interpretadas sem a correferencialidade marcada; a sentença (43a) é sempre agramatical.

Restrições a esses tipos de ocorrência parecem ter sua origem na estrutura das sentenças, ou seja, na sintaxe. Chomsky (1981) propõe a existência de princípios sintáticos, denominados Princípios A, B e C, que restringem as possibilidades de correferências.[10] Esses princípios explicariam a agramaticalidade das sentenças em (43). Baseando-nos nesses princípios, de uma maneira bem geral, poderíamos dizer que a sentença em (43a) é agramatical devido ao Princípio A, que estabelece que a anáfora *si mesma* não pode ser o antecedente dentro da sentença em que ela está contida. A sentença em (43b) seria agramatical devido ao Princípio B: o pronome *a* não pode ter um antecedente em relação de correferência dentro da sentença em que ele está contido. A sentença em (43c) é agramatical devido ao Princípio C: a expressão referencial *o técnico* não pode tomar nenhum antecedente em relação de correferência dentro da mesma sentença.

Exercícios

1. Estabeleça todas as relações de correferência anafórica possíveis para que as sentenças sejam gramaticais, usando a notação de letras. Estabeleça também as relações dêiticas possíveis, usando uma letra sem correferência:
    1) João acredita que poucas mulheres pensam que elas possam ser bem-sucedidas.
    2) Eles conhecem poucos homens na cidade.
    3) Ela pensa que Bárbara está doente.
    4) A Bárbara ficará em casa, se ela ficar doente.
    5) Nenhum homem trabalha eficientemente, quando ele está infeliz.
    6) Nenhum dos parentes de Ana pensa que ele é pago adequadamente.
    7) Aquele infeliz contou para o Paulo o que a Maria pensa dele.
    8) Qualquer garota na classe pode pular mais alto que Maria, se ela quiser.
    9) A mãe dela está orgulhosa da Maria.
    10) Todo homem é orgulhoso de sua mãe.

Indicações bibliográficas

Em português: Pires de Oliveira (2001, cap. 2), Ilari e Geraldi (1987, caps. 4 e 5), Levinson (2007, cap. 2).
Em inglês: Saeed (1997, cap. 3), Chierchia e McConnell-Ginet (1990, cap. 1), Cruse (1986, caps. 4, 9, 10, 11 e 12) e Hurford e Heasley (1983, caps. 2 e 3).

Notas

[1] Foco é usado para marcar o centro de interesse da sentença; a entonação pode ser usada para marcar o foco da sentença, como é o caso dos exemplos em (8) (Crystal, 1985).
[2] Usarei o símbolo # para indicar que existe uma contradição na sentença.
[3] Veja mais detalhes sobre o tema no capítulo "Atos de fala e implicaturas conversacionais".
[4] Agramatical é quando uma sentença não é considerada integrante da língua pelos falantes nativos dessa língua. Usa-se o símbolo * no início da sentença para marcá-la como agramatical (por exemplo: *Carro o comprado João).
[5] De uma forma simplificada, podemos dizer que argumentos são o sujeito e o(s) complemento(s) do verbo.
[6] Sintagma nominal (SN) é um grupo de palavras que ocorre, preferencialmente, na seguinte ordem no português: um determinante, um nome e um qualificador. Somente o nome, o núcleo, tem a obrigatoriedade de estar presente, sendo as outras classes de palavras opcionais.
[7] Quando não se tem certeza sobre a gramaticalidade da sentença, esta é marcada, em seu início, com o símbolo da interrogação. Quanto maior a estranheza da sentença, mais interrogações são colocadas.
[8] O termo *dêixis* vem do grego e significa o ato de mostrar, apontar.
[9] Remeto o leitor ao livro de Levinson (2007), em que o autor faz uma exposição bastante clara e convincente sobre a dêixis do ponto de vista da Pragmática.
[10] Como não é o objetivo deste livro tratar de assuntos sintáticos, remeto o leitor a livros que tratem de introdução à Sintaxe Gerativa, tais como Mioto et al. (2007), Raposo (1995), entre outros.

Ambiguidade e vagueza

Os vários significados das palavras

Continuando com o estudo das propriedades semânticas ainda dentro de uma perspectiva referencial, farei, neste capítulo, um estudo sobre a ambiguidade e os fenômenos relativos a essa propriedade, tais como a polissemia, a vagueza[1] etc. No capítulo "Papéis temáticos", veremos outra maneira de tratar a polissemia, sob uma perspectiva cognitiva; e no capítulo "Atos de fala e implicaturas conversacionais", veremos um outro tipo de ambiguidade, a situacional, que é uma propriedade relativa ao uso da língua.

Todo falante sabe que dar o significado das palavras não é uma tarefa fácil. Às vezes, pensamos que sabemos o significado de determinada palavra, mas, quando tentamos estabelecê-lo exatamente, ele nos foge. Isso se deve ao fato de o significado, na maioria das vezes, estabelecer-se a partir de um determinado contexto.[2] Geralmente é mais fácil definir uma palavra se esta é dada no contexto de uma sentença. Efeitos contextuais podem direcionar os significados das palavras para diferentes caminhos. Veja, por exemplo: se eu perguntar o sentido do verbo *quebrar* para qualquer falante do português, há uma grande chance de ele me responder que é o ato de alguma coisa se partir, ou seja, o ato de alguma coisa mudar de estado. Entretanto, se analisarmos as sentenças a seguir, veremos que a resposta não é tão simples assim:

(1) a. O Paulo quebrou o vaso com um martelo.
     b. O Paulo quebrou o vaso com o empurrão que levou.
     c. O Paulo quebrou sua promessa.
     d. O Paulo quebrou a cabeça no acidente.
     e. Paulo quebrou a cabeça com aquele problema.
     f. Paulo quebrou a cara.
     g. Paulo quebrou a empresa.

Será que em (1) temos outros sentidos, além do que parece mais óbvio, para *quebrar*? Ou o verbo *quebrar* tem o mesmo sentido em todas as ocorrências, sendo somente influenciado pelos contextos em que aparece? Será que existe um sentido geral em que se encaixe a palavra *quebrar* em todos os diferentes contextos mostrados em (1)? Podemos perceber que, em (1a) e em (1b), os sentidos são bem próximos, talvez *partir* ou *estilhaçar*, só mudando as funções semânticas que o sujeito de cada sentença tem: em (a), *o Paulo* é o próprio agente da ação; em (b), *o Paulo* é somente a causa. Em (c), já temos um sentido mais abstrato do que seja *quebrar*, ou seja, temos a ideia de *descumprir*. Em (d), o verbo *quebrar* tem o sentido de *machucar*. Em (e), temos a ideia de *pensar muito* ou *refletir*. Em (f), podemos dizer que se recupera o sentido de *decepcionar*. Finalmente, em (g), podemos pensar que *quebrar* tem o sentido de *falir*. O problema colocado anteriormente, em geral, é discutido pelos semanticistas em termos de ambiguidade ou vagueza. Vejamos, pois, como se definem essas noções.

Ambiguidade vs. vagueza

Seguindo a argumentação de Saeed (1997), podemos dizer que, dos exemplos em (1), se cada ocorrência de *quebrar* tiver um sentido diferente, então *quebrar* é ambíguo de sete maneiras. Entretanto, se as sete ocorrências em (1) compartilharem um mesmo sentido mais geral, então *quebrar* é simplesmente vago em seus diferentes usos. A ideia geral é que, em exemplos de vagueza, o contexto pode acrescentar informações que não estão especificadas no sentido; e, em exemplos de ambiguidade, o contexto especificará qual o sentido a ser selecionado. O problema, naturalmente, é decidir, para um dado exemplo, quando está envolvida a ideia de ambiguidade ou de vagueza. Muitos testes são propostos para se fazer a distinção entre essas duas noções. Vejamos, pois, alguns deles.

Um primeiro teste, proposto por Kempson (1977), consiste no uso da palavra *também*[3] como uma forma reduzida de sentença, sendo uma maneira de se evitar a repetição da sentença anterior. Tornemos mais claro esse exemplo:

(2) a. O Carlos adora sorvete; a Maria *também*.
     b. O João corria todos os dias; a Maria *também*.

As sentenças em (2) são compreensíveis porque existe uma convenção estabelecida de identidade entre a primeira sentença e a sentença inferida a partir da palavra *também*. Entendemos que, em (2a), *a Maria adora sorvete* e que, em (2b), *a Maria corria todos os dias*. O teste de ambiguidade de Kempson vale-se dessa identidade: se a sentença antecedente tiver mais de uma interpretação, então a segunda também terá as mesmas interpretações da sua antecedente. Por exemplo, qualquer que seja o sentido atribuído à sentença ambígua em (3), a sentença reduzida também o escolherá:

(3) O João adora aquele canto; a Maria também.

A ambiguidade da sentença, em (3), origina-se do fato de a palavra *canto* ter dois significados distintos: *canto* relacionado a música, ou *canto* relacionado a lugar. Veja que, se você entender que a palavra *canto* refere-se à música, as duas sentenças terão que se referir à música. É impossível se ter uma interpretação em que a primeira sentença refira-se à música e a segunda, ao lugar, ou vice-versa. A sentença (4) não seria uma paráfrase de (3):

(4) O João adora aquela música e a Maria adora aquele lugar.

Opondo-se a esse comportamento, se tivermos sentenças em que exista só a vagueza dos termos, os aspectos inespecíficos do sentido serão invisíveis a essa identidade do *também*. Pode-se comparar isso, por exemplo, com a palavra *beijo*, que é uma palavra que pode ser considerada vaga (beijo na mão, no rosto, na boca), mas não ambígua:

(5) O João beijou a Maria; o Paulo também.

É perfeitamente possível que essas sentenças estejam descrevendo um fato como: o João beijou a Maria no rosto e o Paulo a beijou na mão. Repare que, quando a sentença é vaga, a interpretação da especificidade da segunda sentença com *também* não fica restrita à interpretação da mesma especificidade da primeira; diferentemente das sentenças ambíguas. Esse teste parece funcionar bem para distinguir essas noções. A complicação em aplicá-lo é que nem sempre conseguimos, em uma mesma sentença, as duas interpretações da ambiguidade, como no caso de *quebrar*. Fica difícil imaginar uma mesma sentença em que se possam atribuir os sentidos de *falir* e de *decepcionar* ao verbo *quebrar*, ou mesmo uma sentença em que se tenham as duas interpretações de *estilhaçar* e de *machucar*.

Outro teste para se distinguir ambiguidade é verificar se, a cada uma das possíveis interpretações de uma ambiguidade, estará associada uma rede de sentidos específica. Essa relação semântica específica não pode ser transferida de um sentido para o outro. Por exemplo, *quebrar* pode estar associado a dois sentidos distintos: ao de *estilhaçar*, como em (1a) e (1b), e ao de *descumprir*, como em (1c). Vamos chamá-los de $quebrar_1$ e de $quebrar_2$. Podemos associar a $quebrar_1$ várias palavras que façam parte de seu campo semântico. Por exemplo, *vaso* é uma palavra que tem como característica semântica [ser quebrável]; portanto, vamos assumir que essa palavra faça parte do campo semântico de $quebrar_1$. Observe que, nas sentenças que se constroem com *quebrar* e *vaso*, podemos substituir o verbo por outro que tenha o mesmo sentido de $quebrar_1$, mas isso não é possível se empregarmos $quebrar_2$. Veja, no exemplo a seguir, como a sentença (c) fica anômala:

(6) a. O Paulo quebrou o vaso.
    b. O Paulo estilhaçou o vaso.
    c. *O Paulo descumpriu o vaso.

Vamos agora associar ao campo semântico de $quebrar_2$ a palavra *promessa*. Nesse contexto sentencial, só podemos substituir o verbo por outro que tenha o mesmo sentido de $quebrar_2$:

(7) a. O Paulo quebrou a promessa.
    b. O Paulo descumpriu a promessa.
    c. *O Paulo estilhaçou a promessa.

O teste de relação de sentidos empregado sugere que existe uma ambiguidade para *quebrar* em (1a) e (1b) e em (1c).

Existem várias outras propostas para testes de ambiguidade; entretanto, o que se pode observar é que muitos deles são difíceis de se aplicar devido à dificuldade de se criar contextos adequados, e poucos são aqueles em que não existe algum tipo de controvérsia em relação à sua aplicação. Para se ter uma leitura mais detalhada a respeito desses testes, ver Cruse (1986: 49-83).

Retomando a noção de vagueza, torno a realçar que esse fenômeno semântico está associado a expressões que fazem referências apenas de uma maneira aproximada, deixando o contexto acrescentar as informações não especificadas nas expressões vagas. Tomem-se, como exemplo, adjetivos relacionais como *alto*, *grande*, *simples* etc. Se pensarmos que um elefante é grande, estaremos corretos. Mas se pensarmos que uma formiga de vinte centímetros é grande, também estaremos corretos. Portanto, a ideia de grandeza é uma noção vaga. Veja que certos quantificadores, como *vários*, *alguns* etc., não especificam quem são as pessoas exatas de quem falamos. Até mesmo adjetivos que parecem mais determinados podem ser vagos. Se pensarmos em *verde*, não saberemos o limite certo de onde essa cor passa para o azul (como um azul esverdeado) ou, em direção inversa, quando passa para o amarelo (como um amarelo-limão). Em realidade, podemos observar que quase todas as palavras da língua têm certa vagueza de sentido. Mesmo palavras como *xícara*, por exemplo, conforme citado anteriormente. Se aumentarmos a sua dimensão, alguns já poderiam achar que se trata de uma *tigela*. Apesar de não sabermos o limite no qual começa uma *tigela* e termina uma *xícara*, todos sabem reconhecer que alguns objetos são claramente *xícaras* e que outros são claramente *tigelas*. Entretanto, existem alguns que estariam no limite dessa gradação, onde não saberíamos ao certo se seria uma *xícara* ou uma *tigela*.[4] Além disso, podemos acrescentar que a vagueza é um fenômeno gradual, pois é fácil perceber que algumas expressões são bem mais vagas (*grande*) do que outras (*verde*).

Em termos de processo de comunicação, a vagueza é uma propriedade da língua muito útil. Trata-se de uma maneira econômica e, contraditoriamente, exata de nos expressarmos, sem que sejamos obrigados a determinadas escolhas, às vezes, muito complicadas no uso da língua. O emprego da palavra *verde* livra-nos de ter que decidir exatamente onde estão os limites espectrais dessa cor. Falante e ouvinte se entendem, chegando sempre a um acordo sobre os casos mais óbvios. Em geral, o contexto acrescenta a informação adequada para especificar o tipo de vagueza em jogo. Quando isso não ocorre, resta ao falante ser mais explícito em relação ao que ele quer comunicar. Repito o exemplo de Chierchia (2003: 66):

(8) a. Hugo é alto.
     b. Como alto? Ele não tem nem 1,65m.
     c. Mas eu estava pensando alto para um jóquei.

Em relação à vagueza, ainda uma observação. Existe outro fenômeno, a indicialidade, que pode ser confundido com o fenômeno da vagueza. A indicialidade está em expressões cujas referências variam de contexto para contexto, mas seus sentidos permanecem constantes, sem serem vagos, como às vezes podem ser interpretados por alguns; ou seja, a indicialidade está associada às palavras dêiticas. Lembrando o exposto no capítulo "Outras propriedades semânticas" sobre a dêixis, por exemplo, o *eu* pode-se referir a vários indivíduos no mundo, mas nem por isso esta pode ser considerada uma palavra de sentido vago, pois sempre quer dizer *o falante do discurso*. O mesmo podemos dizer sobre palavras como *aqui* e *agora*: a interpretação do *aqui* está relacionada ao lugar do qual o falante está falando; a interpretação do *agora* está relacionada ao tempo de fala. Como notamos, não podemos exatamente dizer que essas palavras são vagas, mas, sim, indiciais.

Podemos resumir, então, que a ambiguidade e a vagueza são fenômenos semânticos que só podem ser resolvidos no contexto.[5] A diferença entre as duas é que, para a ambiguidade, o contexto tem a função de selecionar qual dos possíveis sentidos será utilizado; para a vagueza, o contexto pode apenas acrescentar alguma especificidade que não está contida na própria expressão. Ainda podemos observar que, até este ponto, só me referi às ambiguidades chamadas lexicais, isto é, ambiguidades que são geradas pelos itens lexicais. Entretanto, ainda existem nas línguas várias outras fontes geradoras de ambiguidades. Antes de passar para a explicitação dos tipos de ambiguidades existentes, proponho, a seguir, alguns exercícios para estabelecer a diferença entre as três propriedades investigadas: ambiguidade, vagueza e indicialidade.

Exercícios

1. Verifique, nas sentenças a seguir, que tipo de relação está ocorrendo: ambiguidade, vagueza ou indicialidade. Use, se possível, os testes propostos.

1) Todo homem ama a sua mulher.
2) O João atirou em um pato correndo.
3) Nós adoramos estudar Semântica.
4) Algumas pessoas adoram Física.
5) O João é um rapaz satisfeito.

II. Considere o verbo *amarelar*. Pode-se afirmar que essa palavra é, ao mesmo tempo, ambígua, vaga e indicial. Procure construir exemplos para demonstrar essas possibilidades.

Tipos de ambiguidade

Temos, então, que a ambiguidade é, geralmente, um fenômeno semântico que aparece quando uma simples palavra ou um grupo de palavras é associado a mais de um significado. Vejamos alguns exemplos[6]:

(9) Eu estou indo para o banco, neste exato momento.
(10) Homens e mulheres competentes têm os melhores empregos.
(11) Todos os alunos comeram seis sanduíches.
(12) Eu não posso falar de chocolate.

Vemos que, para cada um dos exemplos, há duas ou mais interpretações distintas. Antes que eu mostre as possíveis interpretações de (9) a (12), tente você mesmo achá-las. Em (9), é a palavra *banco* que gera as duas interpretações: ou *eu estou indo para uma instituição financeira*, ou *eu estou indo para o assento, como o banco da praça*. Em (10), podemos entender como *homens e mulheres são competentes*, ou como *só as mulheres são competentes*. O que gera essa ambiguidade é a estrutura do sintagma nominal (SN),[7] ou seja, a sintaxe da sentença. Em (11), temos uma ambiguidade gerada pela possibilidade de distribuição entre o quantificador *todos* e o SN plural *seis sanduíches*: ou temos que *cada aluno comeu seis*, ou *todos os alunos juntos comeram os seis*. Essa é conhecida como ambiguidade de escopo. Na última sentença, a ambiguidade é gerada pelas possíveis implicaturas que podemos extrair dela: ou *eu detesto chocolate*, ou *eu adoro chocolate*. Essa é a ambiguidade situacional, que será estudada no capítulo "Atos de fala e implicaturas conversacionais". Separando somente este último tipo de ambiguidade, a situacional, podemos dizer que, para identificar os acarretamentos de sentenças ambíguas, temos de definir, exatamente, em qual sentido a sentença está sendo interpretada.

Como vimos nos exemplos anteriores, a ambiguidade pode ser gerada por vários fenômenos da língua, ou até mesmo de seu uso. Tentarei classificá-los, seguindo, de uma maneira geral, as ambiguidades mostradas na literatura semântica. Entretanto, ao longo da minha prática didática, pude reparar que vários exemplos que os alunos me traziam não se encaixavam nos vários tipos propostos na literatura a que tive acesso. Por isso, resolvi incluir alguns outros fenômenos linguísticos geradores de ambiguidade, usando, para tal classificação, a definição trivial de que sentenças ambíguas são aquelas que apresentam mais de uma interpretação possível.

Ambiguidade lexical

Retomando o exemplo (9) em (13), temos:

(13) Eu estou indo para o *banco*, neste exato momento.

Em (13), temos um exemplo de ambiguidade lexical, ou seja, a dupla interpretação incide somente sobre o item lexical. Como já vimos, é o item lexical *banco* que torna a sentença ambígua. Entretanto, a ambiguidade lexical pode ser gerada por dois tipos de fenômenos distintos: a homonímia e a polissemia.

Homonímia

A homonímia ocorre quando os sentidos da palavra ambígua não são relacionados. Existem as palavras homógrafas (14), com sentidos totalmente diferentes para a mesma grafia e o mesmo som; e as homófonas, com sentidos totalmente diferentes para o mesmo som de grafias diferentes (15). Vejamos os exemplos:

(14) a. banco   – instituição financeira[8]
                – lugar em que se assenta
      b. manga   – fruta
                – parte do vestuário
(15) sexta/cesta

Entretanto, essa divisão não é muito relevante. Por isso, para os nossos estudos, consideraremos simplesmente a noção de homonímia.

Podemos ainda observar que as variações de pronúncia apontam para o fato de que nem todos os falantes possuem o mesmo grupo de homonímias. Por exemplo, em um dialeto caipira, a palavra *calma*, pronunciada como *carma*, pode ser homônima da palavra *carma* (castigo). O que não ocorreria em nosso dialeto. Tente achar outros exemplos desses na nossa língua.

Polissemia

Existe uma diferença entre homonímia e polissemia tradicionalmente assumida pela literatura semântica, mais especificamente pela Lexicologia. Todos os dois fenômenos lidam com os vários sentidos para uma mesma palavra fonológica; entretanto, polissemia ocorre quando os possíveis sentidos da palavra ambígua têm alguma relação entre si:[9]

(16) pé: pé de cadeira, pé de mesa, pé de fruta, pé de página etc.
(17) rede: rede de deitar, rede elétrica, rede de computadores etc.

Em (16), o sentido de pé, como sendo a base, é recuperado em todos os outros sentidos. Em (17), a ideia de alguma coisa entrelaçada é recuperada em todos os sentidos dados. Para estabelecer essa relação entre as palavras polissêmicas, usamos a nossa intuição de falante e, às vezes, os nossos conhecimentos históricos a respeito dos itens lexicais. Entretanto, você perceberá que estabelecer se os itens são ou não relacionados não é tão trivial, e, por isso, a polissemia é um dos temas mais investigados na literatura linguística. Nem sempre há uma concordância entre os falantes se há a relação entre os itens em questão, ou mesmo a recuperação histórica desses itens pode ser tão antiga que, na atualidade, mesmo se houvesse uma relação anterior, seriam palavras sem relação.

A distinção homonímia/polissemia é de extrema relevância na descrição do léxico de uma língua. Palavras polissêmicas serão listadas como tendo uma mesma entrada lexical, com algumas características diferentes; as palavras homônimas terão duas (ou mais) entradas lexicais. Em muitos casos, a mesma palavra pode ser considerada uma homonímia em relação a determinado sentido e ser polissêmica em relação a outros. Observemos o item lexical *pasta*:

(18) $pasta_1$ = pasta de dente, pasta de comer (sentido básico = massa)
(19) $pasta_2$ = pasta de couro, pasta ministerial (sentido básico = lugar específico)

O item lexical *pasta* pode ser tanto polissêmico nos vários sentidos associados a cada ocorrência, como pode ser homônimo entre (18) e (19), pois me parece que os sentidos são totalmente distintos.

Essa distinção ainda é muito relevante em outros domínios, pois é um fator condicionante de boa parte da descrição gramatical. Por exemplo, as funções semânticas atribuídas por um verbo vão depender de considerarmos suas várias acepções. Se for um verbo como *quebrar*, e tiver o sentido de alterar o estado de objetos, teremos associadas à entrada lexical desse verbo as seguintes informações semânticas: o verbo tem uma causa e um paciente e, portanto, duas posições a serem preenchidas na sintaxe. Entretanto, se *quebrar* tiver o sentido de *decepcionar*, terá associado, ao léxico, a informação de que possui somente a função semântica de experienciador e, portanto, apenas uma posição sintática a preencher. A questão é como vamos colocar esse verbo no léxico: como uma palavra homônima ou polissêmica?

A distinção homonímia/polissemia ainda condiciona perguntas como: *ir* como auxiliar é o mesmo verbo que *ir*, verbo de movimento? Ou seja: o verbo auxiliar *ir* é um verbo de movimento? Mais: é possível um mesmo item léxico ser um substantivo (*canto*) e uma forma verbal (*eu canto*)? Mas essas são questões que não vamos tratar aqui.

Vejamos alguns exemplos de sentenças que contenham algum tipo de ambiguidade lexical e tentemos definir se é uma polissemia ou uma homonímia:

(20) Aquele *canto* era o preferido pela Iolanda.
(21) O Henrique cortou a *folha*.
(22) O Frederico esqueceu a sua *concha*.

As nossas intuições são as mesmas? Em (20), tem-se a palavra *canto*, que teria como significado geral tanto a palavra *música* como a palavra *lugar*. Parece-me que temos aí uma homonímia, pois são sentidos não relacionados. Em (21), a palavra *folha* pode ser folha de caderno ou folha de árvore. Em que esses sentidos podem estar relacionados? Podemos associar *papel* a árvore? Qual é a sua intuição? Em (22), consigo afirmar que *concha* de mar e *concha* de cozinha têm o mesmo formato, daí a associação polissêmica. Já deu para você perceber que distinguir polissemia de homonímia não é uma tarefa banal.[10]

Ambiguidade ou vagueza com preposições?

(23) O quadro da Maria é muito bonito.
(24) O burro do Paulo anda doente.

Em (23), podemos ter três interpretações: *o quadro que a Maria pintou*, *o quadro que a Maria tem* e *o quadro que fizeram da Maria*. Em (24), temos duas interpretações: *o burro que o Paulo tem* ou *o burro que o Paulo é*. O que gera essas ambiguidades é a preposição *de*.[11]

Em Kempson (1977: 127), exemplos com preposição, principalmente com a preposição *de*, como os anteriores, são apresentados como casos de vagueza. A autora afirma que "um tipo de vaguidade é a indeterminação do significado de um item ou sintagma, cuja própria interpretação parece intangível e indeterminada. Talvez, um dos exemplos mais extremos disso se encontre em sentenças construídas com a preposição *de*: *o livro de João, o trem de João, os lençóis de João*". Entretanto, se aplicarmos o teste de ambiguidade, proposto pela própria autora, chegaremos à conclusão de que não é tão claro que os exemplos anteriores sejam exemplos de vagueza. Vejamos os testes:

(25) Muitas pessoas compraram o quadro da Maria; e o do João também.
(26) O burro do Paulo anda doente; e o do João também.
(27) O livro do João fez o maior sucesso; e o do Paulo também.
(28) O trem do João passa cedo; e o do Paulo também.

Não me parece possível que tenhamos as interpretações disjuntivas seguintes para as sentenças (25), (26), (27) e (28), respectivamente:

(29) Muitas pessoas compraram o quadro que a Maria pintou e o quadro em que o João é modelo.
(30) O burro que o Paulo tem anda doente e o burro que o João é anda doente.
(31) Fez o maior sucesso o livro que o João escreveu e o livro que o Paulo comprou.
(32) Passa cedo o trem que o João conduz e o trem que o Paulo pega.

A minha interpretação sobre ocorrências com preposição é que realmente são sentenças ambíguas, pois essas têm claramente duas ou mais interpretações, e só o contexto especifica qual dos sentidos está sendo utilizado na sentença. Por exemplo, sentenças com preposições são muito distintas de sentenças claramente vagas:

(33) Várias pessoas moram aqui.
(34) A pessoa indicada já chegou.

Essas sentenças não têm duas interpretações, apenas não são especificadas. Muito diferente das sentenças com preposições. O que ocorre é que preposições são itens lexicais "leves", ou seja, podem ter vários sentidos, que só serão estabelecidos a partir da composição com seu complemento e, às vezes, até mesmo em composição com o verbo,[12] principalmente a preposição *de*, que pode se referir à origem (*veio de São Paulo*), à qualidade (*o burro do Paulo, casa de pedra*), ao modo (*veio de cavalo*), ao agente (*o quadro da Maria*), à posse (*casa da Maria*) etc. Mas repare que, apesar de serem muitas possibilidades, só podem ser essas; não podem ser outras, como companhia, afetado etc. Ao contrário do que afirma Kempson (1977), a interpretação das preposições não é "intangível e indeterminada", pois as preposições têm associadas a elas determinados sentidos, que devem estar listados no léxico. Veja que não podemos colocar as preposições de uma maneira arbitrária; estas só se encaixam em contextos em que existe uma compatibilidade semântica com alguns dos sentidos que possam ter:

(35) A Maria veio de São Paulo. *com São Paulo/sobre São Paulo (a preposição tem que ter o sentido de origem)
(36) A Maria comprou uma casa por/de/com cem mil reais. *em cem mil reais/ contra cem mil reais (a preposição tem que ter o sentido de valor)

Portanto, a ambiguidade é gerada pela "leveza" do conteúdo semântico, normalmente associada às preposições. Note que algumas preposições são mais leves que outras; o *de* é um exemplo prototípico de leveza de conteúdo, e a preposição *até* é um exemplo prototípico de conteúdo mais pleno. Veja outros exemplos com preposições que têm mais de um sentido:

(37) O João fez a prova pela Maria.
(38) O deputado falou sobre o carro de bombeiros.

Em (37), a preposição *por* pode ser interpretada tanto como *em intenção da Maria* como *em lugar da Maria*. Em (38), a preposição *sobre* pode ser interpretada tanto como *em cima do carro de bombeiros* como *o assunto de sua fala foi o carro de bombeiros*. Assumo, pois, que sentenças envolvendo preposições que levam a duas ou mais interpretações são, em realidade, exemplos de ambiguidade lexical. Note que o contexto, nesse caso, não funciona como o especificador de algum dado não explícito, como no caso de vagueza, mas funciona como o selecionador do sentido desejado, como no caso de ambiguidade. Por exemplo:

(39) O quadro da Maria é muito bonito. Ela é uma excelente pintora.

O contexto em (39) seleciona um único sentido para a sentença em (23): só podemos interpretar essa sentença como sendo *a Maria* a agente da ação de pintar o quadro.

Outro caso: vagueza ou implicatura?

(40) Todo número é par ou ímpar.
(41) Você quer café ou leite?

Em (40), temos o caso em que o *ou* só tem uma leitura exclusiva, ou seja, não há ambiguidade de interpretação: só pode ser uma coisa ou a outra. Mas, em (41), temos uma leitura exclusiva e inclusiva: ou podemos entender que você escolherá apenas uma das opções, ou podemos entender que você escolherá as duas. É perfeitamente possível uma resposta como: "Eu quero os dois, café e leite". Para Kempson (1977: 128), esse exemplo trata de uma vagueza, não de ambiguidade. A autora argumenta que "casos em que o significado de um item envolve a disjunção de diferentes interpretações, é um caso de vagueza". Nesse caso específico do *ou*, não conseguimos aplicar nenhum dos testes propostos anteriormente. Mas podemos perceber que o contexto seleciona o sentido, o que é uma característica típica de ambiguidade. Não me parece razoável associar apenas uma inespecificidade ao sentido de *ou*, que será mais especificado no contexto. Parece-me, antes, que existem duas interpretações distintas e que uma delas será escolhida, dependendo da entonação dada à sentença.[13]

Chierchia (2003: 255) assume outra possibilidade para a ocorrência do *ou* inclusivo/disjuntivo. Para o autor, o *ou* pode ser tratado como lexicalmente ambíguo: ele pode tanto ter uma leitura exclusiva quanto inclusiva. Existe também uma segunda possibilidade, a mais adotada na literatura, principalmente em Pragmática, que consiste em associar ao *ou* apenas uma das leituras possíveis, deixando a segunda por conta de uma inferência guiada pelo contexto, ou seja, uma implicatura. Existem evidências empíricas em favor dessa segunda possibilidade. Se o *ou* fosse lexicalmente ambíguo, provavelmente encontraríamos uma língua em que essa ambiguidade não existiria. Provavelmente existiria uma língua em que haveria duas palavras para significar o *ou* exclusivo e o *ou* inclusivo. Como acontece para outras palavras ambíguas. Por exemplo, a palavra *cão* do português é ambígua entre *animal* e *parte de uma arma de fogo*; para o inglês, existem duas palavras distintas para esses objetos (*dog* e *cock*, respectivamente). Embora se encontrem, em algumas línguas, mais de um morfema para exprimir a disjunção, esses morfemas tendem a ser, sistematicamente, ambíguos entre um sentido inclusivo e outro exclusivo.[14] Portanto, parece-nos que temos um caso único nas línguas do que podemos chamar de ambiguidade universal.

Ambiguidade sintática

Repetindo o exemplo (10) em (42), temos:

(42) Homens e mulheres competentes têm os melhores empregos.

Esse é um dos exemplos de ambiguidade gerada pela estrutura, no caso mais específico, gerada pela estrutura sintática: a ambiguidade sintática. Nesse tipo de ambiguidade, não é necessário interpretar cada palavra individualmente como ambígua, mas se atribui a ambiguidade às distintas estruturas sintáticas que originam as distintas interpretações: uma sequência de palavras pode ser analisada (subdividida) em um grupo de palavras (chamado de sintagma) de vários modos. Em (42), o adjetivo *competentes* está modificando *homens e mulheres* ou simplesmente *mulheres*? Uma interpretação acarreta que ambos, homens e mulheres que são competentes, têm os melhores empregos (43a); outra interpretação acarreta que as mulheres que são competentes e os homens têm os melhores empregos (43b):

(43) a. [Homens e mulheres] competentes têm os melhores empregos.
b. [Homens] e [mulheres competentes] têm os melhores empregos.[15]

Outros exemplos de ambiguidade sintática são:

(44) Alugo apartamentos e casas de veraneio.
(45) O magistrado julga as crianças carentes.
(46) O Cruzeiro venceu o São Paulo jogando em casa.
(47) Estou com vontade de comer chocolate de novo.

Em (44), teremos uma primeira interpretação se entendermos o sintagma *de veraneio* sendo relacionado ao sintagma *apartamentos e casas*; em uma segunda interpretação, teremos um primeiro sintagma *apartamentos* e um segundo, *casas de veraneio*. Se dividirmos as estruturas usando colchetes, teremos as seguintes possibilidades:

(48) a. Alugo [apartamentos e casas] [de veraneio].
b. Alugo [apartamentos] e [casas de veraneio].

Em (45), podemos entender que *as crianças carentes são julgadas*; ou temos que *o magistrado julga carentes as crianças*. Alterando a ordem das palavras, em estruturas com colchetes, temos:

(49) a. O magistrado [julga as crianças carentes].
b. O magistrado [julga carentes] [as crianças].

Em (46), temos a sentença *jogando em casa* relacionada ao Cruzeiro ou ao São Paulo. Nesse exemplo, alterando a ordem dos sintagmas para percebermos quem é o sujeito da sentença com gerúndio, temos as seguintes estruturas:

(50) a. O Cruzeiro venceu [o São Paulo jogando em casa].
b. [O Cruzeiro jogando em casa] venceu o São Paulo.

Finalmente, em (47), temos o sintagma *de novo* relacionado somente a *comer chocolate* ou a *estou com vontade*. Novamente temos que mudar a ordem dos sintagmas para deixarmos claras as possíveis interpretações. Veja as estruturas:

(51) a. Eu estou com vontade [de comer chocolate de novo].
b. Eu estou [com vontade de novo] de comer chocolate.

Em todos os exemplos, o que gera a ambiguidade são as diferentes possibilidades de reorganizar as sentenças, ou seja, a possibilidade de ocorrência de diferentes estruturas sintáticas na mesma sentença. Portanto, toda vez que se tratar de uma ambiguidade sintática, conseguimos mostrar as possibilidades de interpretação da sentença apenas alternando a posição das expressões envolvidas na ambiguidade; o que não acontece com os outros tipos de ambiguidade.

Ambiguidade de escopo

Existe outro tipo de ambiguidade estrutural, a chamada ambiguidade de escopo. Um exemplo dessa ambiguidade é (11), repetido a seguir:

(52) Todos os alunos comeram seis sanduíches.

Em (52), temos as seguintes interpretações: *os alunos todos comeram um total de seis sanduíches* ou *cada aluno comeu seis sanduíches*. A ambiguidade dessa sentença não decorre de um item lexical ambíguo; também não podemos reorganizar a sentença em duas estruturações possíveis. A ambiguidade de (52) decorre de uma estrutura, mas não da estrutura sintática, e, sim, da estrutura semântica da sentença, que gera as duas interpretações: é a maneira de organizar a relação de distribuição entre as palavras que expressam uma quantificação que gera a ambiguidade. Ou temos uma interpretação coletiva, em que a expressão *todos os alunos* tem como alcance, ou escopo, *seis sanduíches*, como um todo,[16] ou temos uma interpretação distributiva, em que *cada aluno* tem *seis sanduíches* como escopo. Vejamos outros exemplos de ambiguidade de escopo envolvendo quantificadores:

(53) Os alunos dessa sala falam duas línguas.
(54) O Carlos e o José são ricos.
(55) Todo mundo ama uma pessoa.
(56) O Léo deu um livro para todas as garotas.

Em (53), podemos interpretar que *todos os alunos falam as mesmas duas línguas* ou que *cada aluno fala duas línguas distintas*. Poderíamos ter representações assim:[17]

(57) todos os alunos → falam (as mesmas) duas línguas
(58) cada aluno → fala duas línguas (diferentes)

Em (54), temos que *o Carlos e o José, juntos, são ricos* ou que *cada um separado é rico*. Podemos ter as seguintes representações:

(59) O Carlos e o José (todos) → são ricos (juntos)
(60) cada um → é rico (separado)

Em (55), pode-se entender que *todo mundo ama a mesma pessoa* ou que *cada pessoa ama uma pessoa diferente*. Vejamos as representações:

(61) todo mundo → ama uma (mesma) pessoa
(62) cada pessoa → ama uma pessoa (diferente)

Finalmente, em (56), temos que *o Léo deu um único livro para todas as garotas* ou que *cada garota recebeu um livro diferente*. As representações seriam:

(63) todas as garotas → receberam um livro (único)
(64) cada garota → recebeu um livro (diferente)

Seguindo ainda a observação de Pagani (2009), podemos realçar que, na verdade, os quantificadores não são os únicos tipos de expressão linguística que apresentam a ambiguidade de escopo. Além deles, há uma série de outros operadores que, quando aparecem juntos na mesma sentença, apresentam também a ambiguidade de escopo.[18] Vejamos um exemplo:

(65) O João não namorou todas as garotas da sala.

Uma primeira interpretação, a mais provável, seria: O João namorou algumas garotas da sala. Nessa interpretação dizemos que a negação tem escopo sobre a quantificação universal, negando-a. Uma segunda interpretação, menos provável, seria: O João não namorou nenhuma aluna da sala. Nessa interpretação dizemos que a quantificação universal *todas as garotas* tem alcance, ou escopo sobre o operador da negação.

Portanto, com a ambiguidade de escopo, temos outro exemplo de ambiguidade relacionada à estrutura da sentença. A diferença básica entre ambiguidade sintática e ambiguidade de escopo é que, quando há a sintática, você consegue reorganizar a mesma sentença em diferentes estruturas lineares; quando há a de escopo, não se têm duas formas lineares de organizar a sentença, mas se têm duas estruturas subjacentes (ou formas lógicas) distintas.

Ambiguidade por correferência

A ambiguidade por correferência é um tipo de ambiguidade sistemática que não tem sua origem nem nos itens lexicais, nem na organização sintática da sentença e nem no escopo da sentença. A ambiguidade é gerada pelo fato de os pronomes poderem ter diversos antecedentes:

(66) O ladrão$_i$ roubou a casa do José$_j$ com a sua$_{i/j}$ própria arma.
(67) O José$_i$ falou com seu$_{i/j}$ irmão?

As interpretações possíveis são atribuídas ao tipo de ligação entre os pronomes das sentenças. Em (66), o pronome *sua* pode estar coindexado, em uma ligação anafórica, tanto com *o ladrão* quanto com *o José*. Temos, então, duas interpretações distintas para a sentença: uma em que o ladrão usou a arma dele para roubar a casa e outra em que o ladrão usou a arma de José.[19] Em (67), podemos entender que o falante quer saber se o José falou com o irmão do José, uma ligação anafórica, ou se foi com o irmão de quem escuta a pergunta, tratando-se, portanto, esta última, de uma ligação dêitica.

Atribuição de papéis temáticos

Assume-se geralmente que, a partir da relação de sentido que o verbo estabelece com seu sujeito e com seu complemento, seus argumentos, ele atribui uma função semântica, um papel, dentro da sentença a esses argumentos. A essa propriedade semântica dá-se o nome de papel temático, noção que veremos detalhadamente no capítulo "Papéis temáticos". Porém, adiantarei neste ponto que também a atribuição de papéis temáticos pode ser geradora de ambiguidades. Vejamos o exemplo:

(68) O João cortou o cabelo.
(69) O doutor João operou o nariz.

Um mesmo verbo pode atribuir diferentes papéis temáticos para um mesmo argumento, em interpretações distintas. Em (68) e em (69), os verbos *cortar* e *operar* podem atribuir tanto o papel de agente como de beneficiário aos sujeitos das sentenças. Temos para (68): *o João é cabeleireiro e cortou o cabelo de alguém* ou *o João foi cortar o cabelo com o cabeleireiro*. Em (69): *o doutor João é médico e operou o nariz de alguém* ou *o doutor João teve seu nariz operado por alguém*. Essa ambiguidade parece ocorrer com uma classe específica de verbos, em que existe a possibilidade de você fazer determinada ação ou de alguém fazer essa ação por você:

(70) A Maria fez as unhas.
(71) A Maria fez uma escova.
(72) A Maria fotografou bem.
(73) A Maria xerocou o material.

Nesses exemplos, ou a própria Maria fez suas unhas, fez uma escova em seu cabelo, fotografou alguma coisa e xerocou seu material, sendo a agente de todas essas ações, ou alguém fez as unhas da Maria, fez uma escova na Maria, fotografou a Maria e xerocou o material para a Maria, sendo a Maria, nesses casos, a beneficiária dessas ações descritas.

Construções com gerúndios

Apesar de não ser uma ambiguidade muito aceita pelos falantes, alguns manuais de redação apresentam construções com gerúndio como sendo ambíguas e, portanto, estruturas a serem evitadas por quem escreve:

(74) Estando atrasado aquele dia, o João não entrou na sala.
(75) Prevendo uma resposta indelicada, não o interroguei.

Segundo alguns autores, sentenças contendo gerúndios, como (74) e (75), podem gerar uma dupla interpretação: existe uma leitura temporal ou uma leitura causativa possíveis. Podem-se parafrasear as sentenças, respectivamente:

(76) a. O João não entrou na sala, quando estava atrasado.
     b. O João não entrou na sala, porque estava atrasado.
(77) a. Não o interroguei, quando previ uma resposta indelicada.
     b. Não o interroguei, porque previ uma resposta indelicada.

Entretanto, não é unanimidade que (76a) e (77a) sejam possíveis paráfrases para (74) e (75).

Ambiguidades múltiplas

As sentenças nem sempre apresentam ambiguidades de um único tipo. Os vários tipos explicitados anteriormente podem aparecer, concomitantemente, em uma mesma sentença. Às vezes, se interpretarmos um item lexical de uma determinada maneira, teremos uma determinada estrutura sintática; se interpretarmos esse mesmo item de outra maneira, teremos outra estrutura sintática. Há, nesse caso, uma ambiguidade lexical e sintática:

(78) O Jorge não tinha ouvido.
(79) O Arlindo tirou os pés da mesa.

Em (78), se interpretarmos *ouvido* como sendo um nome que tem como sentido *habilidade musical*, só poderemos ter a estrutura sintática em que *ouvido* é um complemento do verbo *ter*:

(80) O Jorge [não tinha] [ouvido].

Entretanto, se interpretarmos *ouvido* como sendo o particípio do verbo *ouvir*, só poderemos ter a estrutura sintática em que existe um tempo verbal composto, e a sentença não tem complemento:

(81) O Jorge [não tinha ouvido].

Em (79), se interpretarmos *os pés* como sendo um suporte da mesa, só poderemos ter o sintagma *os pés da mesa* como complemento de *tirar*:

(82) O Arlindo tirou [os pés da mesa].

Ou se interpretarmos *os pés* como sendo uma parte do corpo humano, eles só podem ser do Arlindo e, então, só podemos entender a sentença com a divisão do sintagma *os pés da mesa* em dois sintagmas distintos:[20]

(83) O Arlindo$_i$ tirou [os pés$_i$] [da mesa].

Outro exemplo dessa multiplicidade pode ser representado pelos exemplos de ambiguidade lexical com a preposição *de*. A cada interpretação a seguir, atribuídas ao exemplo (23), repetido aqui como (84), temos um distinto papel temático sendo atribuído a *Maria*:

(84) O quadro da Maria é muito bonito.

Se o quadro foi pintado pela Maria, ela é o agente da ação; se a Maria tem a posse do quadro, ela é a possuidora; e se a Maria é a modelo do quadro, ela é o objeto da ação. Também, no exemplo (24) de ambiguidade lexical, repetido aqui como (85):

(85) O burro do Paulo anda doente.

se interpretarmos *burro* como sendo um nome, referindo-se a animal, o Paulo só poderá ser o possuidor; se interpretarmos *burro* como sendo um adjetivo pejorativo, o Paulo só poderá ser entendido como quem recebe uma característica. Portanto, também teremos uma ambiguidade em relação à atribuição de papéis temáticos.
 Ainda, um último exemplo, repetido como (86):

(86) O ladrão$_i$ roubou a casa do José$_j$ com a sua$_{i/j}$ própria arma.

Se entendermos que a correferência é de o *ladrão* com *a sua arma*, teremos a seguinte estrutura sintática:

(87) [O ladrão com a sua própria arma] roubou a casa do José.

Se entendermos que a correferência é de *o José* com *a sua arma*, teremos o seguinte:

(88) O ladrão roubou a casa do [José com a sua própria arma].

Veja que nem sempre que ocorre a ambiguidade por correferência tem-se também uma ambiguidade sintática. Alguns livros trazem a ambiguidade por correferência como sendo sintática. Mas se pensarmos que a ambiguidade sintática é a possibilidade de reorganizar a sentença de várias maneiras, veremos que, em (67), por exemplo, isso não é possível.

Para concluir, quero esclarecer que, apesar de eu ter classificado os vários tipos de ambiguidade, não é sempre tão fácil assim fazer essas distinções, como parecem sugerir os exemplos. Além disso, a análise dos exemplos mostrados não é exaustiva. Com certeza, o leitor ainda encontrará outras interpretações possíveis para os exemplos dados. Para esta introdução, entretanto, o relevante é mostrar alguns tipos de ambiguidade existentes na língua e despertar a curiosidade do leitor para um estudo mais aprofundado sobre o assunto.

Exercícios

I. Elabore um exemplo de cada tipo de ambiguidade tratado neste capítulo.
II. Estabeleça a origem das ambiguidades nas sentenças a seguir:
   1) Falando em chocolate, me deu uma vontade de comer.
   2) A terra está acabando.
   3) Os eleitores revoltam-se contra os deputados por causa dos seus salários.
   4) Os alunos conseguiram lugar no teatro.
   5) Abandonei-o contrariado.
   6) Os especialistas debateram ontem as saídas para a crise em São Paulo.
   7) A Maria pediu para ela sair.
   8) O Flamengo venceu o Atlético jogando em casa.
   9) O João xerocou todos os livros.
   10) Ele é tido por protetor de pivete ou travesti?
   11) O João e o José estudam em dois turnos.
   12) O menino viu o incêndio do prédio.
   13) O João comprou balas para o José perto de sua casa.
   14) Ela perdeu a cadeira no departamento.
   15) A Maria perseguiu a Paula como se ela estivesse louca.

16) O banco está quebrado.
17) O Paulo e a Maria leram quinze livros.
18) A Natália sofria muito com aqueles cálculos.
19) O João não ajudou todos os meninos.
20) A escola precisa urgentemente de bons livros e mestres.
21) O João comprou a casa do Paulo por um bom preço.
22) A Celina lembrou-se do Maurílio na igreja.
23) Todos da sala assistiram a dois filmes.
24) Cachorro fez mal à moça.
25) O deputado falou sobre a igreja.
26) A Sônia recebeu o livro emprestado.
27) Estando adiantado, o João não saiu àquela hora.
28) A Maria tem algumas provas.
29) A Maria fez as unhas.
30) O cachorro do vizinho anda esquisito.
31) Julgando inúteis as cautelas, curvei-me à fatalidade.
32) O João pintou as paredes da sua casa.
33) O Jorge ama a Rosa tanto quanto o João.
34) O Marcos e o Paulo são poderosos.
35) Ela fez aquilo por mim.
36) O aluno passou a cola muito bem passada.
37) A Maria fotografou superbem.
38) Quem fala francês, João ou Maria?
39) Todos os alunos não fizeram a prova.
40) O João construiu uma casa na praia.

Indicações bibliográficas

Em português: Chierchia (2003, cap. 4), Pires de Oliveira (2001, cap. 2 e cap. 5) e Ilari e Geraldi (1987, cap. 4).
Em inglês: Saeed (1997, cap. 3 e 10), Chierchia e McConnell-Ginet (1990, cap. 1), Hurford e Heasley (1983, cap. 3), Lyons (1977, cap. 7) e Kempson (1977, cap. 8).

Notas

[1] Encontra-se, também, a terminologia *vaguidade*; sigo, aqui, a tradução dada por Pagani, Negri e Ilari em Chierchia (2003).
[2] Ver discussão sobre o assunto em Firth (1957), Halliday (1966), Lyons (1963), Kempson (1977), Saeed (1997) e Chierchia (2003).
[3] Essa forma é uma adaptação das formas *do so, so do, do so too* do inglês, propostas por Kempson (1977).
[4] Esse fenômeno, tratado por Rosch (1973, 1975) em sua teoria de protótipos e desenvolvido em termos linguísticos por Fillmore (1982) e Lakoff (1987), será visto no capítulo "Protótipos e metáforas" deste manual.

[5] Não confunda o uso do contexto para resolver questões semânticas, como a ambiguidade e a vagueza, como sendo a própria ambiguidade ou a própria vagueza um fenômeno contextual.
[6] A partir de sugestões de Pagani (2009), fiz algumas correções no exposto a seguir.
[7] Relembrando, temos que sintagma nominal (SN) é um grupo de palavras que ocorre, preferencialmente, na seguinte ordem no português: um determinante, um nome e um qualificador. Somente o nome, o núcleo, tem a obrigatoriedade de estar presente, sendo os outros elementos opcionais.
[8] Pustejovsky (1995) aponta para o fato de que a palavra *banco* pode ter, também, uma outra interpretação: o lugar financeiro *banco* e a instituição *banco*, sem que esta última seja necessariamente física. Existem várias outras palavras que têm ambiguidade semelhante: *livro* – o próprio objeto e o conteúdo; *xerox* – a máquina ou o lugar onde se faz etc. Pustejovsky chama esse tipo de ambiguidade de polissemia complementar.
[9] Como já explicitado anteriormente, o fenômeno da polissemia também será tratado sob outra perspectiva, a cognitiva, no capítulo "Protótipos e metáforas".
[10] Ver Perini (1999).
[11] Repare que, nesse caso, também temos a ambiguidade do item lexical *burro*: com a ideia da posse relacionada ao *de* trata-se do burro animal; se temos a ideia de atribuição de qualidade relacionada ao *de*, temos o burro como um adjetivo pejorativo.
[12] Sobre a questão de composição e léxico, ver Pustejovsky (1995).
[13] O contexto, no caso, parece ser a prosódia, segundo conclusões de Lopes (2001).
[14] Chierchia (2003: 604), em nota, alude ao fato de que o contraste entre *vel* e *aut* do latim é citado, às vezes, como um possível caso de desambiguização do *ou*. Mas os fatos são bastante controversos.
[15] A representação dada por colchetes visa facilitar a leitura dos iniciantes em Linguística. Essas representações poderiam também ser dadas pelas estruturas arbóreas, bastante usadas em teorias gerativistas.
[16] Note que a maneira de distribuição desses sanduíches é vaga: a metade dos alunos pode ter comido três e a outra metade três, ou um aluno pode ter comido um e os outros cinco alunos quatro, e assim por diante.
[17] Não usarei as representações em linguagem de lógica de predicados, para facilitar a leitura aos iniciantes em Semântica.
[18] Ver, sobre quantificação e escopo no português brasileiro, o capítulo 5 de Pires de Oliveira (2001).
[19] Apesar de alguns alegarem uma leitura dêitica do pronome *sua* neste exemplo, não me parece possível essa interpretação por causa de *própria*, que remete a uma interpretação somente anafórica.
[20] Pagani (2009) mostra que é possível haver mais interpretações para a sentença em (79).

Referência e sentido

Referência

Como explicitado na apresentação deste livro, em termos gerais, podemos dizer que existem três grandes abordagens em Semântica: a referencial, a mentalista e a pragmática. Neste capítulo, vamos finalmente nos deter na explicação do que sejam a referência e o sentido, noções básicas da abordagem referencial. Segundo Chierchia (2003: 45), teorias referenciais baseiam-se na seguinte ideia do que seja comunicar:

> uma língua é constituída por um conjunto de palavras e de regras para combiná-las. As palavras são associadas por convenção a objetos (isto é, os denotam). Em virtude dessa associação podemos empregar sequências de elementos lexicais para codificar as situações em que os objetos se encontram.

Basicamente, essa é a relação explicitada pela referência e pelo sentido da língua.

A relação de referência é a relação estabelecida entre uma expressão linguística e um objeto (no sentido amplo do termo) no mundo. Existe uma longa tradição na literatura que tende a identificar o problema do significado com o problema da referência. De acordo com essa concepção, o significado de uma palavra pode ser explicado em termos da relação entre a palavra e o(s) objeto(s) a que esta se refere. Essa concepção referencial também é conhecida como extensional, porque trata o significado em termos dos objetos, chamados extensões, a que se referem os itens da linguagem. Quando você diz *nesta página*, a expressão, por um lado, é parte da língua portuguesa, mas, por outro, quando usada em determinado contexto, identifica um pedaço de papel em particular, alguma coisa que você pode segurar entre os dedos, um pequeno pedaço do mundo. Portanto, têm-se duas coisas: a expressão linguística *nesta página* (parte da língua) e o objeto que você pode segurar entre os dedos (parte do mundo). A referência é exatamente alcançar o objeto no mundo quando se usa a expressão da língua para se referir a esse objeto específico. Como a referência lida com as relações entre a língua e o mundo, ela é, portanto, dependente do enunciado, ou seja, a referência é uma relação entre expressões e aquilo que elas representam em ocasiões particulares.[1]

Uma primeira observação a respeito da relação de referência é que uma mesma expressão pode ser usada para se referir a vários objetos, dependendo das circunstâncias em que esta é utilizada:

(1) o atual presidente do Brasil

Para se achar a referência dessa expressão, temos que levar em conta as circunstâncias em que a expressão foi proferida, ou seja, vai depender da data de proferimento da sentença. Também podem existir duas expressões referindo-se a um mesmo objeto no mundo. Por exemplo, os clássicos exemplos de Frege: as expressões *a estrela da manhã* e *a estrela da tarde* referem-se ao mesmo planeta do universo; têm, pois, a mesma referência. Ainda existem expressões que só se referem a um único objeto no mundo, por exemplo: *lua*, *povo brasileiro*, *Brasil* etc.

As expressões referenciais podem ser sintagmas nominais (sNs), que são capazes de se referir a indivíduos ou a objetos no mundo. Podem ser também sintagmas verbais (svs), que são capazes de se referir à classe de indivíduos no mundo. Ainda podem ser sentenças (Ss),[2] que têm a capacidade de se referir à sua verdade ou à sua falsidade no mundo, ou seja, a referência de sentenças é o seu valor de verdade. Ilustremos essas possibilidades:

Relações de referência (adaptado de Chierchia e McConnell-Ginet, 1990: 58)

	Expressão	Referência
Categoria	sNs referenciais	objetos no mundo
Exemplo:	*João da Silva*	o objeto "João da Silva" no mundo
Categoria	svs	classe de objetos no mundo
Exemplo:	*ser brasileiro*	os brasileiros
Categoria	Ss	verdadeiro ou falso
Exemplo:	*João da Silva é brasileiro.*	verdadeiro

Portanto, a referência pode ser estabelecida entre um sintagma nominal que busca um objeto no mundo (em um sentido amplo do termo, pois uma pessoa está incluída nessa categoria), um indivíduo particular. Também a referência pode ser estabelecida entre um sintagma verbal e uma classe de objetos no mundo, ou seja, o sintagma verbal *ser brasileiro* busca a classe de brasileiros no mundo. Ainda a referência pode ser estabelecida entre uma sentença e seu valor de verdade, ou seja, para saber a que uma sentença se refere, temos que saber se essa sentença é falsa ou verdadeira no mundo: a referência de *João da Silva é brasileiro* é a verdade ou falsidade dessa sentença no mundo.

Em relação às referências estabelecidas pelos sintagmas nominais, vale realçar que não é uma relação única. Temos vários tipos de referências estabelecidas a partir dos sintagmas nominais.

Sintagmas nominais e tipos de referência

Segundo Lyons (1977), podemos observar os seguintes tipos de referência para os sintagmas nominais:

a) Referência singular definida

1. Sintagmas nominais definidos: pode-se identificar um referente não só o nomeando, mas também fornecendo ao interlocutor uma descrição detalhada, no contexto da enunciação particular, que permita distingui-lo de todos os outros indivíduos do universo do discurso. Por exemplo:

(2)   o homem alto ali na frente

Em um contexto particular, a expressão (2) pode ser usada como uma descrição definida que identifica um único referente.

2. Nomes próprios: os nomes próprios são considerados as expressões referenciais por excelência, pois, geralmente, a cada nome buscamos uma referência única no mundo (é evidente que existem indivíduos que têm o mesmo nome; entretanto, isso é um fator menor que não descaracteriza o tipo de relação em evidência).

(3)   *Noam Chomsky* é um famoso linguista.

O nome *Noam Chomsky* refere-se a um único indivíduo no mundo.

3. Pronome pessoal: os pronomes pessoais são os pronomes dêiticos que apontam para um objeto (indivíduo) no mundo.

(4)   *Nós* estamos muito felizes com a sua atuação.

O pronome *nós* aponta para a pessoa que fala e mais alguém que temos que identificar no mundo.

b) Sintagmas nominais definidos não referenciados

Um sintagma nominal definido pode ocorrer como complemento do verbo *ser*, podendo, então, ter uma função predicativa, e não uma função de sintagma nominal referenciado. Por exemplo:

(5)   O Lula *é o presidente do Brasil.*

Ser o presidente do Brasil pode se encaixar no tipo de referência estabelecida pelos sintagmas verbais e uma classe de indivíduos no mundo, a dos presidentes do Brasil. Entretanto, existe uma segunda leitura da sentença (5), que estabelece uma relação de identidade entre dois referentes, e, portanto, os dois sintagmas nominais funcionam como sintagmas referenciais. Nesse tipo de ocorrência, pode-se inverter a ordem dos sintagmas que a leitura definida dos dois sintagmas se mantém:

(6)   O presidente do Brasil é o Lula.

c) Referência geral distributiva e coletiva

(7)   *Aqueles livros* custam cem reais.

Se o sintagma *aqueles livros* for interpretado como significando *cada um daqueles livros*, o sintagma nominal está se referindo aos objetos no mundo de uma maneira distributiva; ou seja, *cada livro custa cem reais*. Se significar *aquele conjunto de livros*, está se referindo ao grupo de objetos no mundo de uma maneira coletiva, ou seja, *todos os livros juntos custam cem reais.*

d) Referência indefinida específica e não específica

(8)   Todas as noites, *um morcego* entra em nossa casa.

Um morcego é um sintagma nominal indefinido; entretanto, pode se referir a um indivíduo único, específico, embora não identificado. Poderíamos completar a sentença (8) da seguinte maneira:

(9)   Acredito que é ele quem deixa estas cascas de frutas aqui na sala.

Portanto, em uma primeira interpretação, a sentença (8) pode ter um tipo de referência indefinida, mas específica. Entretanto, em uma segunda interpretação, (8) pode não se referir a um indivíduo específico, mas a qualquer morcego. Por exemplo, eu poderia completar (8) da seguinte maneira:

(10) Acredito que deve ter um bando deles por aí.

Dizemos que o sintagma nominal indefinido é usado não especificamente.

e) Referência genérica

(11) O leão é um animal pacífico.
(12) Um leão é um animal pacífico.
(13) Os leões são animais pacíficos.

Cada uma dessas sentenças pode ser usada para afirmar uma proposição genérica, isto é, uma proposição que diz alguma coisa não sobre um leão específico, ou sobre um grupo de leões, mas a referência se estende à classe dos leões como um todo. As proposições genéricas, em geral, não são marcadas temporalmente.

Problemas para uma teoria da referência

Segundo Kempson (1977), existem vários estudos na literatura que mostram que há diversas razões para se acreditar que uma teoria do significado que tente explicar todos os aspectos do significado de palavras em termos de referência está equivocada. Enumeremos esses problemas, segundo a autora. Uma primeira observação é que existem várias palavras que parecem não ter referentes no mundo, como os nomes abstratos. Ainda que se possa dizer que a relação de referência se sustente entre uma palavra como *imaginação* e certa classe de objetos abstratos que constituem atos de imaginação, não há sentido em afirmar que palavras como *e*, *não* e *se* refiram-se a alguma coisa. Também as preposições apresentam problema semelhante: a que se referem palavras como *de, em, com* etc.? Palavras como *que, como*? Ou seja, a que se referem as palavras conhecidas como gramaticais ou funcionais? Se essas palavras não têm referentes e se os significados são dados a partir da referência, podemos erroneamente concluir que essas palavras não têm significado. Mas os falantes sabem que isso não ocorre e são perfeitamente capazes de atribuir uma significação de adição ao *e*, por exemplo.

Um segundo problema aparece entre expressões referenciais e objetos inexistentes: a referência pode ser a mesma. Será difícil, para uma teoria que explique o significado exclusivamente em termos de referência, evitar prever a sinonímia entre as seguintes expressões: *pterodátilo, unicórnio, primeira mulher a pisar na lua*. Ou seja, como essas palavras não têm referentes, pode-se, perfeitamente, associar a todas uma mesma referência, a classe nula, e se o significado é dado em termos de referência, concluímos que essas palavras sejam sinônimas. Entretanto, como conhecedores da língua, sabemos que isso não ocorre. Veja que, pela mesma razão, uma expressão como *o primeiro homem a descer na lua* será classificada diferentemente da expressão *a primeira mulher a descer na lua*, porque, no primeiro caso, há um referente real no mundo; no segundo, temos uma classe nula com a qual a expressão mantém uma relação referencial. Também essa classificação não nos parece interessante teoricamente.

Um terceiro problema que podemos detectar para a relação significado e referência diz respeito à análise de substantivos comuns, que se referem a um conjunto de objetos. Nos exemplos a seguir, em que sentido poderíamos dizer que existe uma relação de referência, consistente e identificável, entre a palavra *iguana* e o conjunto de objetos a que ela se refere?

(14) As iguanas são muito comuns.
(15) Estão extintas as iguanas?
(16) O professor João está procurando iguanas.

Em (14), a palavra refere-se a uma classe de objetos existentes no mundo, ou seja, a classe das iguanas. Entretanto, em (15), dependendo da resposta à pergunta, se for negativa, por exemplo, a palavra *iguana* refere-se à mesma classe de objetos existentes em (14); se for positiva, refere-se a uma classe nula. Em (16), também temos problemas: em uma interpretação, poderíamos dizer que há, pelo menos, duas iguanas específicas que o professor está procurando, mas, em outra interpretação, ele poderia estar apenas procurando, sem que exista necessariamente esse objeto. Conforme essa última interpretação, não faria sentido perguntar a que objetos a palavra *iguanas* se refere.

Um último problema apontado por Kempson (1977) é em relação ao caso paradigmático da referência, os nomes próprios. Existe uma diferença importante entre eles e qualquer outra categoria sintática no que diz respeito à noção de referência. Enquanto há, para os nomes próprios, uma correspondência um a um entre palavra e objeto, não fica evidente que os nomes próprios tenham algum sentido. Parece estranho perguntarmos: "Qual é o sentido da expressão *Noam Chomsky*?". Podemos apenas perguntar: "A quem se refere a expressão *Noam Chomsky*?"[3] Esse comportamento nos leva a concluir que, pelo menos do ponto de vista semântico, os nomes próprios não devem se assemelhar às outras classes de palavras. Entretanto, se assumirmos essa posição, a suposição original de que existe uma semelhança entre as várias propriedades gramaticais dos nomes próprios e das outras classes de palavras, tais como nomes comuns, verbos, adjetivos etc., será errônea.

Existem mais dois problemas em relação ao uso somente da referência para se estudar o significado, apontados por Frege (1892): a questão da identidade entre dois sintagmas nominais e a questão dos complementos de verbos do tipo *acreditar, querer, achar* etc.: o conhecido *contexto indireto ou opaco*, estudado por Frege e, posteriormente, por Quine (1960). Frege mostra, através das análises dessas duas questões, que somente a referência não é suficiente para a compreensão do significado; é necessária também a noção de sentido. É o que estudaremos a seguir.

Exercícios

I. Explique a noção de referência, utilizando um exemplo linguístico.
II. Usando o quadro da p. 88, associe os tipos de expressões existentes na língua às suas possíveis referências no mundo. Dê exemplos.
III. A partir da explicação anterior, estabeleça a referência para os sintagmas e para as sentenças a seguir:
   1) aquela mulher bonita, parada ali na esquina
   2) Pavarotti é italiano.
   3) ser inglês
   4) unicórnio
   5) saudade
   6) O presidente do Brasil é o FHC.
   7) o Pelé
   8) ser amável
   9) aquela moça que escreveu o poema mais lindo da escola
   10) Noam Chomsky, o linguista norte-americano
IV. Identifique os tipos de sintagmas nominais nas sentenças seguintes e as diferentes possibilidades de referências.
   1) João falou demais ontem.
   2) Nós precisamos estudar Semântica.
   3) Aquela moça ali na escada está chamando.
   4) O cachorro é amigo do homem.
   5) Os alunos comeram seis sanduíches.
   6) João é um tenista brasileiro.
   7) Todo dia, às sete horas da manhã, eu escuto um sino tocando.
   8) Eu adoro Semântica.
   9) Aquele homem de barba azul, barrigudo, é perigoso.
   10) Os estudantes não podem fumar na sala.
V. Segundo Kempson, há várias razões para se acreditar que uma teoria do significado que tente explicar todos os aspectos do significado de palavras em termos de referência estará errada. Quais são essas razões?

Sentido

Vimos na seção anterior que usar somente a noção de referência seria uma maneira ingênua e não eficaz de abordar a questão do significado. Entretanto, a noção de referência é fundamental para uma teoria que queira passar informações sobre os objetos no mundo. Para solucionar esse problema, o lógico e filósofo Gottlob Frege (1892) propõe que as expressões não somente estabelecem uma relação de referência com o mundo, mas ainda possuem um sentido (ou, como também é chamado, intensão). A referência é a identidade apontada por uma expressão linguística em determinado contexto de uso. O sentido é o modo no qual a referência é apresentada, ou seja, o modo como uma expressão linguística nos apresenta a entidade que ela nomeia. Por exemplo, a referência da expressão *o presidente do Brasil*, no ano de 2004, é o indivíduo Luiz Inácio Lula da Silva apontado pela expressão. Já o sentido é alguma coisa como o conceito associado à expressão em questão, da qual podemos ter várias paráfrases: o chefe de Estado brasileiro, a pessoa que governa o Brasil etc. Assumindo-se, pois, que o sentido tem relação direta com o conceito que temos sobre as expressões linguísticas, podemos acrescentar, ainda, que o sentido se refere ao sistema de relações linguísticas que um item lexical contrai com outros itens lexicais, ou que o sentido de uma expressão é o lugar dessa expressão em um sistema de relações semânticas com outras expressões da língua. Só poderemos chegar ao conceito de uma expressão linguística se conhecermos o sistema lexical da língua em questão e como esses itens se relacionam. Por exemplo, o sentido da expressão *chefe de Estado brasileiro* só pode ser captado se tenho os conceitos do que sejam as palavras *chefe*, *de*, *Estado*, *brasileiro* e como é o sistema linguístico que compõe essas palavras em uma expressão com sentido.

Já vai se tornando evidente para o leitor que definir sentido é uma tarefa extremamente abstrata. Entretanto, é importante observar que essa é uma abstração que tem um lugar real na mente do falante de uma língua. Quando alguém entende completamente o que outro diz, é perfeitamente razoável admitir que essa pessoa captou o sentido da expressão que ela ouviu. Tentarei, pois, no decorrer do capítulo, tornar mais clara essa definição, associando-a a tipos de fenômenos determinados.

Frege (1978, apud Pires de Oliveira, 2001: 106) argumenta que "a referência de um nome é o próprio objeto que por seu intermédio designamos; a representação que dele temos é inteiramente subjetiva; entre uma e outra está o sentido que, na verdade, não é tão subjetivo quanto a representação, mas que também não é o próprio objeto". Para ilustrar essa distinção, Frege usa a seguinte metáfora: suponhamos que alguém esteja olhando a lua através de um telescópio. O autor compara a própria lua à referência; ela é o objeto de observação, proporcionado pela imagem real projetada pela lente no interior do telescópio e pela imagem na retina do observador. A imagem real projetada pela lente Frege compara ao sentido. A imagem da retina o filósofo compara à representação mental.[4] O sentido, assim como a imagem projetada que serve a vários observadores, é objetivo; o sentido é único, imutável e é o que nos capacita a efetivar a comunicação com o outro. Já a imagem na retina é subjetiva e varia de observador para observador.

Ilustremos essa metáfora com um exemplo linguístico. Imaginemos a expressão *a cadeira*. Posso apostar que você pensou em alguma coisa como *lugar para se assentar, com pés e encosto*, ou seja, algum conceito da palavra *cadeira*. Portanto, o sintagma nominal *a cadeira* terá como sentido esse conceito que todos temos da palavra *cadeira*. Já sobre qual cadeira específica eu estou falando, só podemos saber se formos ao mundo e localizarmos a cadeira sobre a qual eu estou falando, ou seja, se localizarmos a referência da expressão proferida. Conhecer o sentido da expressão *a cadeira*, relacionar esse sentido à sua referência no mundo, é o que Frege chama de entender o significado de algo.[5] Pensemos, ainda, que, quando a expressão linguística foi proferida, um de nós a associou ao descanso, outro lembrou que sua cadeira estava quebrada, e assim por diante. Essas associações seriam as representações mentais subjetivas de cada indivíduo.

Mais especificamente, Frege propõe que a referência de uma expressão depende do seu sentido e das circunstâncias. Por exemplo, pode-se determinar a referência de *a estrela da manhã*, achando-se, no mundo, aquilo que coincide com essa descrição, desde que conheçamos o sentido da expressão *a estrela da manhã* e saibamos em quais circunstâncias podemos encontrar esse referente. De acordo com esse ponto de vista, o significado deve ser analisado em duas dimensões complementares: o significado de uma expressão A está na relação que A tem com o seu sentido e sua referência. Por exemplo, o significado da expressão A (*estrela da manhã*) está em conhecer o sentido de A (o conceito de estrela que é a última a desaparecer na manhã) e achar no mundo a referência de A (o planeta Vênus).

Vejamos outro exemplo que Frege mostra para exemplificar o que seja sentido. Imaginemos um triângulo e as linhas *a*, *b*, e *c*, que ligam os vértices do triângulo com os pontos médios dos lados opostos desse triângulo:

(17)

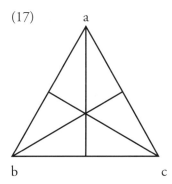

O ponto de interseção de *a* e *b* é o mesmo ponto de interseção de *b* e *c*. Temos o mesmo ponto com nomes distintos: *ponto de interseção de a e b* e *ponto de interseção de b e c*. Portanto, esses nomes são modos de apresentação de uma mesma referência, ou seja, sentidos distintos para nos levar a uma mesma referência no mundo, e isso nos traz alguma informação sobre o mundo. O mesmo podemos dizer das expressões *a estrela da manhã* e *a estrela da tarde*; essas expressões têm a mesma referência no mundo, mas possuem sentidos diferentes.

Retomemos, agora, o quadro das relações de referência, incluindo a classificação de sentido proposta por Frege:

Classificação de Frege para sentido e referência (quadro adaptado de Chierchia e McConnell-Ginet, 1990: 58)

	Expressão	Referência	Sentido
Categoria	SNs referenciais	objetos	conceitos individuais
Exemplo:	*a estrela da manhã*	Vênus	o conceito da estrela que é a última a desaparecer na manhã
Categoria	SVs	classe de objetos	conceitos
Exemplo:	*é italiano*	os italianos	o conceito de ser
Categoria	SS	verdadeiro	proposições
Exemplo:	*Pavarotti é italiano.*	verdadeiro	a proposição de que Pavarotti é italiano

Reiterando, a noção de sentido de Frege não pode ser pensada como uma entidade psicológica ou mental. Por exemplo, o sentido da sentença *Pavarotti é italiano* não é aquilo que cada um entende quando a ouve, mas é aquilo que nos permite comunicar com o outro e que, como tal, deve ser objetivo. Portanto, a noção de sentido de Frege deve ser entendida como o conteúdo informacional que captamos ao entender uma sentença. A esse conteúdo, chamaremos de "proposição"; em outras palavras, a proposição é o sentido da sentença.

Vale, aqui, abrir parênteses para se esclarecer um pouco mais a noção de proposição. Proposição é usada como sendo uma abstração que pode ser captada pela mente de uma pessoa. Nesse sentido, uma proposição é um objeto do pensamento. O que não devemos é equacionar pensamento à proposição, porque pensamentos são geralmente associados a processos mentais particulares, pessoais, enquanto proposições são públicas, no sentido de que a mesma proposição é acessível a diferentes pessoas. Ainda mais, uma proposição não é um processo, enquanto o pensamento pode ser visto como um processo que ocorre na mente individual de cada um. Assumo, pois, que processos mentais são pensamentos, que entidades semânticas abstratas são proposições, que entidades linguísticas são sentenças e que proferimentos são ações. Podemos pensar em um tipo de relação em que uma simples proposição pode ser expressa por várias sentenças e cada uma dessas sentenças pode ser proferida um número infinito de vezes.

Retomando a noção de sentido, podemos naturalmente conceber essa distinção de Frege sem assumir essa visão radical de que o sentido está fora da mente. Por exemplo, pode-se transferir a ideia do sentido para a caracterização das estruturas comuns que a nossa representação mental deve ter, visto que a nossa comunicação é tão bem-sucedida. Como propõem, por exemplo, os mentalistas. Além de termos uma parte subjetiva em nossa mente, também temos estruturas mentais sistematizadas, em que podemos alocar a noção do sentido. Fica claro perceber que a definição de sentido e a explicitação da sua natureza, não são questões facilmente solucionáveis. Entretanto, como observam Chierchia e McConnell-Ginet (1990), felizmente é possível continuar a investigação semântica usando a distinção sentido/referência, ainda que não se tenha uma completa compreensão a respeito da natureza do sentido. Outra maneira de tornar essa questão mais clara é dando argumentos sobre a utilidade de se distinguir sentido na explicação do que seja o significado. Esse é o raciocínio de Frege que será exposto a seguir.[6]

Argumentos de Frege favoráveis à utilização do sentido no significado

Além dos problemas considerados por Kempson (1977) contra a utilização exclusiva de uma teoria de referência para a explicação do significado, podemos ainda considerar dois outros argumentos, mostrados por Frege, a favor da utilização do sentido na composição do significado. Consideremos os exemplos:

(18) a. A estrela da manhã é a estrela da manhã.
b. A estrela da manhã é a estrela da tarde.

Primeiramente, façamos uma análise das expressões em (18), utilizando somente a ideia de que significado é a relação de referência. A sentença (18a) terá x como um valor para a expressão referencial *a estrela da manhã*, que é a mesma para o sujeito e para o complemento da sentença; então teremos $x = x$, pois o verbo *ser*, nesse contexto, tem a função de equivaler as duas expressões. Em (18b), como as duas expressões *estrela da manhã* e *estrela da tarde* têm a mesma referência no mundo, o planeta Vênus, associamos às duas expressões um mesmo valor x, e teremos $x = x$. Concluindo, não teremos diferença de significado para as duas sentenças em (18), pois teremos a equação $x = x$ para ambas. Entretanto, qualquer falante do português sabe afirmar, com certeza, que essas duas sentenças são diferentes em relação à sua significação. A sentença (18b) passa uma informação sobre o mundo, enquanto a (18a) não traz nenhuma informação nova a respeito do mundo, apesar de ser uma sentença boa gramaticalmente. Diz-se que a sentença (18a) é uma sentença analítica ou tautológica, pois é uma verdade óbvia, já que afirma que um objeto é idêntico a si mesmo, o que é sempre verdade; nem precisamos ir ao mundo para constatar a sua verdade. Nesse tipo de sentença, a verdade é exclusivamente um fato linguístico. Já a sentença (18b) é a chamada sentença sintética, pois seu valor de verdade depende do que sabemos sobre o mundo. É fácil constatar que pode existir alguém que não saiba se a sentença (18b) é falsa ou verdadeira, dependendo do seu conhecimento sobre estrelas e planetas. Entretanto, a sentença (18a) será aceita como verdadeira por qualquer falante do português, independentemente do seu conhecimento sobre estrelas e planetas. Portanto, se imaginarmos que uma pessoa que não conhece a verdade da sentença (18b) a escute, necessariamente ela passará a ter um novo conhecimento sobre o planeta Vênus, pois agora a pessoa conhece dois sentidos diferentes para alcançar a referência Vênus, isto é, dois caminhos diferentes de se alcançar o mesmo objeto no mundo. Portanto, concluímos que, como conhecedores da língua, sabemos discernir que a sentença (18a) é diferente da sentença (18b), porque a segunda passa uma informação e a primeira, não. Resta, portanto, ao semanticista explicitar essa diferença, pois, em termos de referência, vimos que isso não é possível.

Por isso Frege propõe a utilização da noção de sentido para se explicar a diferença entre as sentenças em (18). Façamos o mesmo tipo de raciocínio feito antes para a referência, usando também a noção de sentido. Se adotarmos a ideia de que cada expressão linguística transmite um sentido diferente, teremos, para (18b), que a expressão *a estrela da manhã* tem um sentido que é a ideia que eu tenho sobre o que é ser a estrela da manhã, que tem como referência o planeta Vênus no universo e, portanto, tem como significado x. A expressão *a estrela da tarde*, por sua vez, tem o sentido que é a ideia que eu tenho sobre ser a estrela da tarde, que também tem como referência o planeta Vênus e, portanto, tem como significado y. Se a função do verbo *ser*, nesse contexto, é de equivaler as duas expressões, concluímos que $x = y$. Essa equação, com certeza, está passando uma informação de que eu tenho duas maneiras de apresentar um mesmo objeto no mundo. Analisemos, pois, a sentença (18a). Temos que a expressão *a estrela da manhã* tem um sentido que é a ideia que eu tenho sobre o que é ser a estrela da manhã, que aponta para a referência Vênus no mundo e, portanto, tem como significado x. Se a mesma expressão é equiparada na sentença pelo verbo *ser*, concluímos que $x = x$. Essa é uma sentença que não passa nenhum tipo de informação, pois não nos mostra nada de novo sobre o mundo. Esse é um primeiro argumento usado por Frege para mostrar que é essencial adotar a noção do sentido quando se analisa o significado de sentenças.

O segundo argumento de Frege está relacionado ao que ele chamou de *contexto indireto* e Quine (1960), de *contexto opaco*. Antes de entrarmos nessa questão propriamente, faz-se necessário falar rapidamente sobre o Princípio de Composicionalidade de Frege. O autor afirma que, em determinados contextos, o valor de verdade de uma sentença complexa é função exclusiva dos valores de verdade das partes que a compõem. Esse tipo de operação é totalmente cego para o sentido da sentença: dadas as referências das sentenças simples, calcula-se, mecanicamente, o valor de verdade de qualquer sentença complexa que contenha essas sentenças simples:

(19) a. A namorada do José é modelo.
b. A namorada do José é a moça mais bonita do bairro.
c. A namorada do José é modelo e é a moça mais bonita do bairro.

Se (19a) tem como referência a verdade no mundo, ou seja, é uma sentença verdadeira, e (19b) também tem a mesma referência no mundo, ou seja, é uma sentença verdadeira, podemos afirmar que (19c) é verdadeira, sem que saibamos nada sobre o sentido das sentenças (a) e (b). Isso se deve ao fato de que (19a) e (19b) são sentenças simples que compõem a sentença complexa (19c). Esse tipo de substituição possibilita criar uma linguagem extensional, isto é, uma linguagem em que somente é levada em conta a referência. Portanto, sentenças formadas pelo operador *e* e outros operadores como *ou*, *se somente*, *se... então* são as chamadas sentenças extensionais, em que se pode aplicar o Princípio de Composicionalidade de Frege. Entretanto, há inúmeros casos a que esse princípio não se aplica. Por exemplo, as sentenças encaixadas após verbos que exprimem crenças não apresentam esse comportamento: são as chamadas sentenças de contexto indireto ou opaco. Usando esses casos, Frege mostra outro argumento a favor da utilização do sentido no estudo do significado. Vejamos o exemplo:

(20) O Dênis acredita que o presidente do Brasil é um gênio.

O valor de verdade dessa sentença não pode ser deduzido das partes que a compõem. Não podemos afirmar que se *Dênis acredita em algo* é uma sentença verdadeira e que, se a sentença *o presidente do Brasil é um gênio* é verdadeira também, então a sentença complexa em (20) é verdadeira. A verdade da sentença (20) depende de Dênis acreditar que o presidente do Brasil é um gênio, e não da verdade de o presidente do Brasil ser um gênio, tanto que isso pode não ser verdade: o presidente do Brasil pode não ser um gênio, e a sentença (20), que exprime o fato do Dênis acreditar nisso, continuará verdadeira. Essas sentenças são chamadas de sentenças intensionais, pois elas dependem do sentido ou intensão. Sendo a língua repleta de sentenças desse tipo, fica evidente que não é possível se pensar em significado sem a composição do sentido e da referência.

Vejamos outro exemplo com sentenças intensionais e extensionais:

(21) a. A namorada do José é modelo.
 b. A namorada do José é a moça mais bonita do bairro.
 c. A moça mais bonita do bairro é modelo.

Vemos que, em (21), a verdade das sentenças (a) e (b) acarreta necessariamente a verdade de (c). Isso se dá porque as sentenças em (21) são exemplos de sentenças extensionais e seguem o Princípio de Composicionalidade de Frege, permitindo a substituição de expressões que tenham o mesmo referente.[7] Tentemos verificar a mesma relação para sentenças intensionais:

(22) a. Um ex-operário da classe trabalhadora é o presidente do Brasil.
 b. O João acredita que o presidente do Brasil está ajudando o país.
 c. O João acredita que um ex-operário da classe trabalhadora está ajudando o país.

Se é verdade a sentença (a) e a sentença (b), não podemos concluir necessariamente a verdade de (c), pois o João pode não saber que um *ex-operário da classe trabalhadora* e *o presidente do Brasil* têm a mesma referência no mundo. Ou seja, com sentenças intensionais não podemos fazer a substituição de expressões que tenham a mesma referência no mundo, como é possível com as sentenças extensionais, sem que se altere o valor de verdade das sentenças. Portanto, não se aplica o Princípio da Composicionalidade. Frege não propõe um tratamento formal para esse tipo de sentença, mas observa que existe uma referência indireta em todas as sentenças intensionais e que a substituição nesses casos será possível se mantivermos o sentido da expressão. Nas sentenças intensionais, a verdade não é uma função dos valores das partes e o Princípio da Composicionalidade não se aplica. Entretanto, pode haver uma substituição desde que se mantenha o mesmo sentido. Para Frege, a referência das sentenças em contextos opacos ou indiretos não é a referência ordinária, o objeto no mundo. A referência nesse tipo de sentença é uma referência indireta e se refere ao sentido da sentença. Vejamos como pode ser feito esse tipo de substituição:

(23) a. A professora de Semântica é a mãe do Frederico.
 b. O João acha que a professora de Semântica é otimista.
 c. O João acha que a mãe do Frederico é otimista.
 d. O João acha que a pessoa que ensina Semântica é otimista.

Veja que, se eu substituir as expressões que têm a mesma referência, (23b) e (23c), eu não posso afirmar que a verdade da segunda decorre da verdade da primeira, pois o João pode não saber que a mãe do Frederico e a professora de Semântica são a mesma pessoa. Entretanto, se eu substituir (23b) por (23d), a verdade da sentença não se altera, pois a expressão *ser professora de Semântica* tem o mesmo sentido, ou seja, é sinônima de *a pessoa que ensina Semântica* e, necessariamente, a verdade de (23d) decorre da verdade de (23b).

Constatamos, com mais esses exemplos, que uma teoria exclusivamente da referência não é adequada para se explicar o significado das expressões. Também a noção de sentido faz-se necessária para a explicação do significado. Portanto, uma teoria semântica que lide com a noção de referência deve incluir necessariamente o conceito de sentido ao tentar explicar o significado das expressões de uma língua.

Finalizando a Parte II deste livro sobre valores de verdade, referência e sentido, gostaria de fazer algumas observações. Lembremo-nos das três questões básicas que uma teoria semântica, a princípio, deve abordar: a expressividade e a composicionalidade da língua, a referencialidade e a representação da língua, e as relações semânticas das sentenças. Uma teoria que use a abordagem referencial, provavelmente, explicará, em parte, a questão da expressividade e da criatividade da língua: o Princípio da Composicionalidade de Frege trata da composicionalidade do significado de unidades simples em unidades mais complexas. Um segundo ponto é a capacidade dessas teorias em explicar a referencialidade da língua, pois trabalham com a noção da relação língua e mundo. Também algumas das propriedades semânticas entre sentenças são explicadas em termos de verdade, mais especificamente, a noção de acarretamento, de ambiguidades, de contradições etc. Vale realçar que ainda ficaram de fora deste manual importantes questões que sempre são abordadas dentro de uma perspectiva referencial, como uma iniciação à linguagem formal do cálculo de predicados e a utilização dessa linguagem para abordar: o cálculo de valores de verdade em sentenças extensionais proposto por Frege, a quantificação, o tempo e a modalidade nas línguas naturais.

Entretanto, existem ainda várias outras questões sobre o conhecimento semântico de um falante que a abordagem referencial não contempla: a representação mental, as metáforas, os papéis temáticos, o uso da língua, a intenção do falante etc. Serão, pois, algumas dessas noções que as próximas partes do livro irão apresentar, usando para isso abordagens mentalistas e abordagens pragmáticas. Não espero com isso esgotar as questões sobre significado, evidentemente, mas espero conseguir percorrer, de uma maneira não direcionada teoricamente, alguns dos temas mais estudados na literatura semântica.

Exercícios

I. Explique a diferença entre referência e sentido.
II. Ilustre, com um exemplo linguístico, essa distinção.

III. Explicite a necessidade de se fazer a distinção entre sentido e referência, usando o par de sentenças a seguir:
   a. O jogador de futebol Pelé é o jogador de futebol Pelé.
   b. O jogador de futebol Pelé é o rei do futebol.
IV. Exemplifique o Princípio de Composicionalidade de Frege.
V. Explique por que a sentença (c) a seguir não pode ser considerada um acarretamento de (b), embora as expressões *a dona do restaurante* e *a mãe do José* tenham a mesma referência:
   a. A dona do restaurante é a mãe do José.
   b. O João acha que a dona do restaurante é muito competente.
   c. O João acha que a mãe do José é muito competente.
VI. Explique o que é referência indireta e como funciona a substituição nesse contexto.

Indicações bibliográficas

Em português: Chierchia (2003, caps. 1 e 8) e Pires de Oliveira (2001, cap. 3).
Em inglês: Saeed (1997, caps. 1 e 2), Chierchia e McConnell-Ginet (1990, cap. 2), Hurford e Heasley (1983, caps. 1, 2 e 3), Lyons (1977, cap. 7) e Kempson (1977, cap. 2).

Notas

[1] Seguindo a explicação de Müller (2003: 64), "é usual fazer uso do termo *denotação* para indicar as entidades a que uma expressão teria o potencial de referir, e reservar o termo *referência* para a(s) entidade(s) apontada(s) por uma expressão linguística dentro de um determinado contexto de uso". Neste capítulo, não será relevante essa distinção.

[2] Relembrando as noções de sintagmas: sintagma nominal (SN) é um grupo de palavras que ocorre, preferencialmente, na seguinte ordem no português: um determinante, um nome e um qualificador; somente o nome tem a obrigatoriedade de estar presente, sendo os outros elementos opcionais. Sintagma verbal (SV) é um grupo de palavras que ocorrem na seguinte ordem: um verbo e seus complementos (quando estes forem pedidos pelo verbo). E sentença (S) pode ser definida, sintaticamente, pela presença de um verbo principal conjugado e, semanticamente, pela expressão de um pensamento completo.

[3] Essa não é a posição de Frege, que assume que os nomes próprios possuem um sentido. Há uma extensa discussão na literatura a respeito dessa questão. Sigo aqui a posição de Kempson, que certamente se baseia na teoria do filósofo Saul Kripke (1980).

[4] Veja que a representação mental para Frege difere da representação mental proposta pelos linguistas mentalistas, que acreditam haver um sistema estruturado e único em nossas representações mentais, ou seja, além de se ter uma parte subjetiva em nossa mente, como Frege assume, também o sentido faria parte dessa representação mental. Ver comentários sobre isso nos capítulos "Papéis temáticos" e "Protótipos e metáforas".

[5] Gostaria de salientar que essa é a minha interpretação da relação de sentido e referência de Frege. O que se comprova na literatura é que mesmo os semanticistas assumem não saber definir exatamente o que é a noção de sentido, apesar de todos concordarmos que o sentido existe. Como comentam Hurford e Heasley (1983), a noção de sentido é um pouco como a noção de eletricidade: todos sabemos usá-la e até falamos sobre isso, mas nunca temos certeza do que se trata exatamente.

[6] Ideias similares a essa de Frege foram exploradas por outros pesquisadores de linhas independentes. Por exemplo, Saussure (1916) faz a distinção entre significação (*signification*) e significado (*signifié*), que parece ser a concepção similar à distinção de Frege entre referência e sentido. Carnap (1947), a partir dos trabalhos de Frege, substitui a noção de referente por extensão e sentido por intensão, que são noções menos vagas, definíveis formalmente.

[7] Veja que as sentenças em (21) usam o operador *se a e b, então c*.

PARTE III
FENÔMENOS SEMÂNTICOS E A ABORDAGEM MENTALISTA

Protótipos e metáforas

Protótipos

Representações mentais

Na história da Semântica, à medida que os estudos avançam, vai evidenciando-se a necessidade da adoção de abordagens distintas das de cunho puramente referencial.[1] Apesar de a noção de referência ser muito importante na língua, evidências empíricas sugerem que o significado tem lugar não somente em um nível existente entre o mundo e as palavras, mas também no nível da representação mental. A afirmação de que um nome ganha significação devido à associação desse nome com algo na mente do falante é antiga. Entretanto, se assumirmos como verdadeira essa afirmação, também teremos que responder a uma pergunta central sobre as representações mentais: qual é sua verdadeira natureza? Uma resposta bem simples a essa pergunta seria associar as entidades mentais a imagens. Isso funcionaria bem para expressões como *Belo Horizonte* ou *sua irmã*; provavelmente, também funcionaria para entidades imaginárias como *saci-pererê*. Porém, essa afirmação apresenta um sério problema quando analisamos nomes comuns. Isso se deve ao fato de que existe uma grande variação de imagens entre os falantes para nomes como *casa*, *carro*, que dependem da experiência individual de cada um. Um exemplo muito citado na literatura é o da figura de um triângulo: quando falamos "triângulo", isso pode suscitar em uma determinada pessoa a imagem mental de um triângulo equilátero; para outra pessoa, pode vir à mente a imagem de um triângulo isósceles; e, para outra, a de um triângulo escaleno. Fica muito difícil conceber uma única imagem que se encaixe em todos os tipos de triângulo, assim como fica difícil conceber uma única imagem para todas as casas ou os carros existentes. Para aumentar a dificuldade, pensemos em coisas como *animais*, *comidas*, ou ainda coisas como *justiça*, *democracia*. A conclusão a que se chega é de que, mesmo se alguns nomes estão associados a imagens, estas não podem explicar tudo sobre representações mentais.

Para se explicar, então, a teoria de imagens, estabeleceu-se que o sentido de algumas palavras não é visual, mas, sim, um elemento mais abstrato, um conceito. Esse procedimento tem a vantagem de nos fazer aceitar que um conceito é capaz de conter traços não visuais que fazem um cachorro ser um cachorro, uma democracia ser uma democracia etc. Por exemplo, podemos admitir que o conceito de *triângulo* é alguma coisa que corresponde a um polígono de três lados, classificado pelos seus ângulos ou lados. Outra vantagem de se assumir a ideia de conceitos é que podemos dividir o trabalho dos linguistas com os psicólogos, sociólogos etc., pois alguns conceitos estão ligados a estímulos perceptuais, como *sol, água* etc.; outros conceitos ainda estão associados a teorias culturais, como *casamento, aposentadoria*.

Conceitos

Se adotarmos, pois, a hipótese de que o sentido de um nome é a combinação de sua referência a um elemento conceitual, outra questão central impõe-se: o que é um conceito?

Antes de tentar responder a essa pergunta, uma primeira observação necessária diz respeito ao tipo de conceito a que estou me referindo. Veremos aqui apenas conceitos relacionados a uma única palavra, isto é, conceitos lexicalizados. Existem conceitos que são descritos por frases, como a expressão destacada em (1):

(1) Eu queria comprar *um suporte para colocar coador de pano na garrafa térmica*.

Parece que a razão para que alguns conceitos não sejam lexicalizados é a própria utilização; se o conceito é pouco usado pela comunidade em questão, provavelmente esse conceito nunca será lexicalizado, como é o caso do exemplo (1). Se nos referirmos frequentemente a algum elemento, antes de este ser associado a um único item lexical, provavelmente, com o passar do tempo, esse conceito será lexicalizado. Por exemplo, é possível que algum dia alguém já tenha usado a expressão seguinte:

(2) Isto é *um aparelho para cozinhar comida através de micro-ondas*.

Com o uso constante desse aparelho, primeiramente ele recebeu o nome complexo de *forno micro-ondas* e, atualmente, simplesmente *micro-ondas*. Portanto, tratarei, aqui, apenas desse tipo de conceito, os lexicalizados.

Uma segunda observação diz respeito à aquisição de conceitos pelas crianças. Provavelmente os conceitos das crianças diferem dos conceitos dos adultos. Trabalhos em Psicologia do Desenvolvimento mostram que crianças operam diferentemente com os conceitos adquiridos. Pode haver uma "subextensão" de conceitos, quando *cachorro* se refere somente ao seu animalzinho, e não a nenhum outro. Ou pode haver uma "superextensão" de conceitos, quando a criança usa *papai* para qualquer adulto do sexo masculino. Portanto, o estudo dos conceitos na aquisição da linguagem pela criança deve ser conduzido de uma maneira mais específica.

Falemos, pois, o que seria o conceito.

Condições necessárias e suficientes

Uma abordagem tradicional para se descrever conceitos é a de defini-los usando um grupo de condições necessárias e suficientes. Se tivermos, por exemplo, o conceito de MENINA, este deverá conter as informações necessárias e suficientes para se decidir quando alguma coisa no mundo é uma menina ou não. Podemos imaginar que essas informações estariam organizadas em um grupo de propriedades, como as que se seguem:

(3) x é uma menina se e somente se:
 • x é humano;
 • x é criança;
 • x é fêmea etc.

Podemos entender as propriedades como condições: se alguma coisa no mundo tem que ter as propriedades em (3) para ser uma menina, então essas propriedades serão chamadas de condições necessárias. Ainda, se pudermos estabelecer o grupo exato de propriedades para definir o que seja uma menina, então estas serão as condições suficientes, ou seja, conseguimos identificar a quantidade certa de informações para o conceito de menina.

O maior problema para uma abordagem desse tipo é que temos que assumir que, se os falantes têm os mesmos conceitos, necessariamente eles têm que concordar sobre quais são as condições necessárias e suficientes para definir esses conceitos. Entretanto, isso não é tão fácil assim, mesmo para nomes tão simples como *tigre* e *zebra*. Vejamos um exemplo, do filósofo Saul Kripke (1979). Todos concordamos que alguns dos atributos de *tigre* são:

(4) *tigre*
 • é um animal;
 • tem quatro patas;
 • tem listras;
 • é carnívoro etc.

O problema é: quais dessas propriedades são necessárias? A primeira, acredito que todos concordariam ser necessária; mas, quanto às outras, não haveria uma unanimidade. Se, em um bando de tigres, acharmos um todo preto ou amarelo, ele deixaria de ser um tigre? Se, por um defeito de nascença, surgir algum tigre com apenas três patas, ele deixaria de ser tigre? E se, por acaso, algum tigre resolver incluir vegetais em sua dieta, ele deixaria de ser tigre? Exemplos como esses nos levam à seguinte questão: como podemos nos basear em tais condições se não conseguimos estabelecer quais são as condições aceitas por todos os falantes? Certamente, problemas dessa natureza interferem na aceitação de uma definição de conceito que use a noção de condições suficientes e necessárias.

Outro argumento contra utilizar a ideia de condições necessárias e suficientes como a base para os conceitos linguísticos diz respeito à ignorância do falante. Putnam (1975) observa que os falantes frequentemente usam palavras sem saber muita coisa ou quase nada sobre suas propriedades conceituais. Provavelmente, poucos falantes do português sabem que a minhoca é um animal hermafrodita; no entanto, com certeza, saberão interpretar perfeitamente uma sentença como (5):

(5) A minhoca é uma ótima isca para peixe.

Portanto, a conclusão a que se chega é de que parece improvável que uma palavra tenha como representação mental um conceito composto por condições necessárias e suficientes.

O conceito de protótipos

Devido aos problemas citados em relação à noção de conceito, várias outras propostas mais sofisticadas surgiram em oposição às primeiras teorias conceituais. Uma delas, muito influente na literatura, foi a teoria de protótipos, proposta por Rosch (1973, 1975) e outros. Esse modelo concebe os conceitos como estruturados de forma gradual, havendo um membro típico ou central das categorias[2] e outros menos típicos ou mais periféricos. Por exemplo, na categoria AVE, teremos alguns membros mais centrais ou típicos, como periquitos e papagaios, que têm a maioria das propriedades associadas a aves; e outros mais periféricos, como pinguins, que possuem um número bem mais reduzido das propriedades que geralmente são associadas a aves. Ou na categoria MAMÍFERO, teremos *homens* e *macacos* como elementos típicos, e *baleias* como elemento periférico. A proposta de Rosch tem como evidências experimentais alguns tipos de ocorrência. Por exemplo, os falantes tendem a aceitar mais facilmente os elementos típicos como pertencentes a determinada categoria do que elementos mais periféricos. Ainda, os elementos típicos ocorrem mais rapidamente na cabeça dos falantes do que os periféricos; se perguntarmos a alguém o exemplo de um pássaro, dificilmente essa pessoa irá citar um pinguim.

Uma abordagem como essa nos permite, por exemplo, classificar uma determinada coisa em duas categorias. A baleia é um animal que possui tanto propriedades da categoria MAMÍFERO, como propriedades da categoria PEIXE. Por isso, muitos falantes são incapazes de dizer, com certeza, se a baleia é um peixe ou um mamífero. Em uma teoria de protótipos, fica fácil explicar esse fenômeno. A baleia está longe de parecer com o elemento mais prototípico da categoria MAMÍFERO. Por outro lado, certas propriedades da baleia assemelham-se muito a elementos da categoria PEIXE: vive na água, tem barbatanas etc. Daí a incerteza de se estabelecer uma categoria específica para a baleia. O que, às vezes, classifica um elemento, que parece pertencer a duas categorias, como sendo de uma determinada categoria é o número de propriedades que ele tem em cada uma delas: a categoria que apresentar um maior número de propriedades será a escolhida para classificar o elemento.

Ainda na linha de protótipos, Labov (1973) mostra que os limites entre as categorias é algo muito mais incerto, ou *fuzzy* (termo usado na literatura linguística), do que definido e claro. Relembremos do capítulo "Ambiguidade e vagueza" um exemplo que se referia a xícaras e tigelas: qual é o tamanho exato em que uma xícara passa a ser uma tigela? Se a abertura do objeto tiver 10 centímetros, provavelmente será uma xícara. Mas se tiver 11, 12, 13... provavelmente com 20 centímetros já será uma tigela. Mas exatamente onde termina a categoria XÍCARA e começa a categoria TIGELA é uma questão impossível de se definir.

A respeito da interpretação da tipicalidade das categorias, existem posições distintas na literatura sobre psicologia. Alguns pesquisadores assumem que o elemento central de uma categoria, o protótipo dessa categoria, é uma abstração. Essa abstração deve consistir em um grupo de traços característicos com o qual comparamos os elementos reais. Por exemplo, os traços característicos da categoria AVE descrevem um tipo normal de pássaro, pequeno, com asas, bico e penas, que voa etc.; mas não se refere a nenhuma espécie particular.[3] Já outros pesquisadores assumem a teoria de que organizamos nossas categorias por exemplares de elementos típicos do mundo e que, depois, classificamos outros elementos a partir da comparação com aqueles exemplares já fixados na nossa memória. Por exemplo, temos na nossa memória as imagens de aves típicas, como pássaros e papagaios; quando encontramos no mundo algum elemento com algumas das características desses protótipos, comparamos esse elemento com a imagem fixada na nossa memória dessas aves reais e, então, classificamo-lo como ave.[4] Um bom exemplo linguístico sobre a natureza *fuzzy* das categorizações é a classe de palavras. Se eu perguntar a que classe de palavras pertence o item lexical *velho*, o que vocês me responderiam? Um substantivo? Um adjetivo? Veja o exemplo:

(6) Um velho amigo meu chegou.

Se eu entender *velho* como o núcleo do sintagma *um velho amigo meu*, ele será classificado como um substantivo. Se eu entender *amigo* como sendo o núcleo do sintagma, então o item *velho* será um adjetivo que está atribuindo uma qualidade a amigo. A participação de *velho* em determinada classe vai depender das propriedades que ele apresenta em cada contexto sentencial. Existem palavras que são mais prototípicas de determinada classe do que outras. Por exemplo, *amar*, a princípio, todos diriam que é um verbo; entretanto, existe a possibilidade na língua de que essa mesma palavra apareça como um nome, dependendo do contexto sentencial:

(7) O amar é uma coisa linda!

Na sentença (7), *amar* será classificado como um nome devido às propriedades atribuídas a ele nesse contexto (por exemplo, a aceitação de um determinante). Portanto, podemos concluir que *amar* prototipicamente se comporta como um verbo, mas existem determinados contextos em que ele perde algumas propriedades dessa classe e passa a ser classificado como outra classe de palavra.

Na Linguística, esse tipo de abordagem prototípica está refletida nos trabalhos de Fillmore (1982) e Lakoff (1987). Ambos os autores assumem que os falantes de uma língua constroem teorias populares sobre o mundo, baseados em sua experiência e sua cultura. Essas teorias são chamadas de *estruturas* por Fillmore e de *modelos cognitivos idealizados* por Lakoff. Esses modelos ou estruturas não são teorias científicas ou definições consistentes e lógicas, mas um grupo de pontos de vista culturais. Um exemplo, dado por Fillmore, de como essas teorias devem funcionar é o da palavra *solteiro*. Existem solteiros mais prototípicos que outros; por exemplo, o papa seria o elemento mais periférico possível do protótipo dessa categoria. Fillmore e Lakoff sugerem que existe uma divisão do nosso conhecimento sobre a palavra *solteiro*: uma parte desse conhecimento é do tipo de definição de dicionário – ou seja, um homem não casado –; outra parte é do tipo de definição enciclopédica, em que estão registrados conhecimentos culturais sobre celibato e casamento – a *estrutura* ou *modelo cognitivo idealizado*. Ao primeiro, chamamos de conhecimento linguístico ou semântico; ao segundo, chamamos de conhecimento do mundo real ou geral. Para os autores, nós, da cultura ocidental, só usamos a palavra *solteiro* se esta for associada a uma estrutura típica, a um modelo cognitivo idealizado de casamento: uma união monogâmica entre pessoas, que envolve a noção de amor romântico etc. É esse modelo idealizado que governa nosso uso da palavra *solteiro* e nos impede de usá-la em casos de padres, ou de pessoas isoladas como Tarzan e Robinson Crusoé. Sob essa perspectiva, usar determinada palavra envolve uma combinação de conhecimentos semântico e enciclopédico, e essa interação resulta em efeitos de tipicalidade.

Exercícios

I. Estabeleça o conceito das palavras usando a noção de condições necessárias e suficientes. Faça uma discussão, para cada conceito, de como essas condições podem ser falhas.
   1) veículo
   2) casa
   3) trabalho
   4) livro

II. Usando a noção de protótipos, tente estabelecer o conceito para cada palavra do exercício anterior. Discuta a gradação prototípica de alguns exemplos de cada classe.

Metáforas

Seguindo o nosso estudo sobre conceituação, apresentarei algumas propostas mais conhecidas como teorias de Semântica Cognitiva (ou também Gramáticas Cognitivas). Assume-se que o significado é construído a partir de estruturas conceituais convencionalizadas e que as categorias mentais das pessoas são formadas a partir da sua experiência de crescer e agir em um mundo. Um número variado de estruturas conceituais e processos são identificados na literatura; entretanto, existe um processo ao qual todos os cognitivistas dão uma atenção especial: a metáfora. Os relevantes trabalhos cognitivistas apresentados em Lakoff e Johnson (1980), Lakoff (1987) e Johnson (1987) assumem que a metáfora é um elemento essencial para a nossa categorização do mundo e para nossos processos mentais. Como consequência, o estudo de metáforas tem de ser uma tarefa interdisciplinar. Por exemplo, a metáfora é objeto de investigação da Linguística Histórica (Sweetser, 1990), de estudos sobre as categorias do pensamento (Lakoff, 1987), de estudos sobre a Linguagem Poética (Lakoff e Turner, 1989), da Retórica (Turner, 1987), de estudos sobre a Ética (Johnson, 1993), entre outras áreas. Neste manual, nós nos concentraremos nas questões metafóricas ligadas à Semântica.

A metáfora tem sido vista, tradicionalmente, como a forma mais importante de linguagem figurativa e atinge o seu maior uso na linguagem literária e poética. Entretanto, é muito comum achar, em textos científicos, jornalísticos, publicitários e mesmo na nossa linguagem do dia a dia, exemplos em que se emprega a metáfora. Lakoff e Johnson (1980) mostram que, na linguagem cotidiana do inglês, a argumentação é normalmente comparada à guerra. No português, também funciona esse tipo de metáfora:

(8) a. Seus argumentos são indefensáveis.
    b. Ele atacou todos os pontos fracos da minha proposta.
    c. Suas críticas atingiram bem no alvo.
    d. Eu demoli os argumentos dele.
    e. Eu usei essa estratégia para vencer meu debatedor.

Existem muitas explicações de como as metáforas funcionam, mas a ideia mais comum é que a metáfora é uma comparação na qual há uma identificação de semelhanças e transferência dessas semelhanças de um conceito para o outro, como ilustram os exemplos em (8).

Antes de seguirmos com a nossa discussão sobre a metáfora, introduzirei algumas terminologias necessárias a essa discussão. Existem dois conceitos fundamentais associados à metáfora que são apresentados pela literatura sob diferentes nomenclaturas. Distinguirei duas delas. O ponto de chegada, ou o conceito descrito, é conhecido, geralmente, como o domínio do alvo (do inglês, *target domain*); por exemplo, em (8), a argumentação seria o alvo. Enquanto o conceito comparado, ou a analogia, é conhecido como o domínio da fonte (do inglês, *source domain*), para o exemplo (8), teríamos a guerra como a fonte. Em Richards (1936), o alvo é chamado de teor (do inglês, *tenor*) e a fonte, de veículo (do inglês, *vehicle*). Ambas as designações são comumente usadas na literatura. Adotarei aqui a terminologia de alvo e de fonte.

Na literatura sobre metáfora, existem duas posições teóricas de mais destaque. Uma primeira, chamada de abordagem clássica, datada dos escritos de Aristóteles sobre metáforas. Nessa perspectiva, a metáfora é vista como uma adição à linguagem ordinária, ou seja, é vista como um instrumento retórico, usado algumas vezes para se obterem determinados efeitos de sentido. Essa abordagem é encontrada, geralmente, em teorias formais da linguagem. O processamento de uma metáfora requer do ouvinte uma forma especial de interpretação: a metáfora tem, como ponto de partida, a linguagem literal, que é detectada pelo ouvinte como sendo anômala. Como o ouvinte espera que o falante tenha a intenção de transmitir algum tipo de significado, o primeiro recorre a certas estratégias de interpretação, transformando a sentença anômala em algum tipo de sentença com significado.

Uma segunda posição, contrária à clássica, é a abordagem chamada romântica, porque é datada dos séculos XVIII e XIX, época do Romantismo. Nessa perspectiva, a metáfora é vista como sendo integrada à linguagem e como uma maneira de se experienciar o mundo. A metáfora é uma evidência do papel da imaginação em conceituar e raciocinar sobre o mundo, e essa posição tem como consequência a afirmação de que toda linguagem é metafórica, não existindo diferença entre linguagem literal e figurativa.

A Semântica Cognitiva é vista como uma extensão da visão romântica sobre a metáfora. Os cognitivistas afirmam que a metáfora faz parte da linguagem cotidiana; entretanto, assumem uma posição um pouco menos forte do que a dos românticos, para os quais toda linguagem é metafórica. A metáfora é vista como sendo uma maneira relevante de se pensar e falar sobre o mundo; porém, também se aceita a existência dos conceitos não metafóricos:

As metáforas nos permitem entender um domínio de experiência em termos de outro. Para existir essa função, devem existir alguns tipos de conceitos básicos, alguns tipos de conceito que não são entendidos de uma maneira totalmente metafórica, para servirem de domínio de fonte. (Lakoff e Turner, 1989: 135 – *tradução minha*)

Lakoff e seguidores identificaram um grande número de metáforas comuns, na tentativa de mostrar a relevância desse fenômeno na linguagem cotidiana. Um importante exemplo de metáfora empregada de uma maneira comum na linguagem é o grupo das metáforas espaciais, associadas à orientação *para baixo/para cima*. Vejamos alguns desses exemplos (Lakoff e Johnson, 1980: 14-21), adaptados para o português:

(9) Feliz é para cima; triste é para baixo:
   a. Eu estou para cima hoje. Eu estou de alto astral.
   b. Hoje eu estou me sentindo para baixo. Eu estou de baixo astral.
(10) Virtude é para cima; depravação é para baixo:
   a. Ela é uma cidadã de alta categoria. Ela é uma pessoa de alto valor.
   b. Ele é um cidadão de baixa categoria. Ele é baixo em seu comportamento.
(11) Consciência é para cima; inconsciência é para baixo:
   a. Ela voltou à tona. Ela emergiu de um sono profundo.
   b. Ele caiu em um sono profundo. Ele caiu em coma.
(12) Saúde é para cima; doença e morte são para baixo:
   a. Ele está com a saúde em alta. Ele está no topo da forma.
   b. A saúde dele está em baixa. Sua saúde está declinando.
(13) Ter controle é para cima; ser paciente do controle é para baixo:
   a. Ele tem controle sobre ela. Ele está no topo do mundo.
   b. Ele está sob o controle dela. Sua posição social é inferior.
(14) Bom é para cima; ruim é para baixo:
   a. O trabalho é de alto nível. Eu a tenho em alta estima.
   b. O trabalho é de baixa qualidade. O filme é de baixo teor.

Como mostrado por Lakoff e Turner (1989), essas metáforas parecem ser baseadas em nossa experiência corporal de deitar e levantar e associações com consciência, saúde, poder etc. O ponto defendido pelos autores é que, quando usamos expressões como as anteriores, não estamos fazendo uso de uma adição retórica ou adições poéticas; essa é a maneira que concebemos a felicidade, a saúde, o poder etc. Como resultado dessa afirmação, as metáforas são consideradas estruturas conceituais que fazem parte da nossa linguagem ordinária.

Características das metáforas

Os cognitivistas afirmam que as metáforas têm características e propriedades sistemáticas, longe de serem anomalias idiossincráticas. Podemos dividir essas características em convencionalidade, sistematicidade, assimetria e abstração. A primeira característica, a convencionalidade, está associada à questão do grau de novidade da metáfora. Veja os exemplos:

(15) a. O aluno voou na aula.
b. O computador usa suas garras para nos prender.

Provavelmente, todos concordarão que a sentença (15a) é uma metáfora mais velha que a (15b), que eu acabei de criar. Alguns autores, como Searle (1969), argumentariam que (15a) já se tornou uma expressão fossilizada ou uma metáfora morta. Em uma teoria literal da linguagem, essa construção já não seria considerada metáfora e teria se transformado em linguagem literal.

Entretanto, os cognitivistas são contra essa posição, argumentando que mesmo as metáforas mais familiares podem ser renovadas, mantendo assim a sua natureza metafórica. Se tomarmos a metáfora *para cima/para baixo*, por exemplo, poderemos considerar a sentença *minha moral subiu* como uma metáfora morta. Entretanto, a metáfora mais geral *para cima/para baixo* continua a ser expandida a outros domínios mais novos, como *ele viajou e conheceu altos lugares*.

Uma segunda característica, a sistematicidade, refere-se à maneira com que a metáfora estabelece um campo de comparações, e não somente um único ponto de comparação. Ou seja, estabelece-se uma associação não somente entre um conceito e outro, mas entre vários dos conceitos participantes do mesmo campo semântico do alvo e da fonte. Veja, por exemplo, a famosa metáfora *Tempo é dinheiro*. Muitos dos conceitos envolvendo noções financeiras são transportados para os conceitos envolvendo tempo:

(16) a. Este livro me custou anos de trabalho.
b. Eu investi muitos anos nesse relacionamento.
c. Eu estou perdendo meu tempo com você.
d. O computador vai fazer você economizar horas de trabalho.
e. Como você tem aproveitado seus últimos dias de férias?

A sistematicidade da metáfora tem sido um importante foco de estudo para a Semântica Cognitiva. Lakoff e Turner (1989) apontam, por exemplo, a metáfora *A vida é uma viagem*, que invade a nossa maneira comum de falar sobre a vida. Essa metáfora estende-se para as etapas de uma viagem, possibilitando-nos fazer comparações às passagens da vida. Por exemplo, o nascimento é considerado a chegada, e a morte, a partida:

(17) a. O bebê chega no próximo mês.
    b. Ele se foi.

Os autores identificam a sistematicidade através do mapeamento entre os dois conceitos e seus domínios:

(18) a. A vida é uma viagem.
    b. A pessoa que vive é um viajante.
    c. Os objetivos de quem vive são os seus pontos de chegada.
    d. Os meios para alcançar seus objetivos são as estradas.
    e. As dificuldades da vida são os impedimentos de uma viagem.
    f. Conselheiros são guias de uma viagem.
    g. Progresso é a distância percorrida.
    h. Coisas que medem o seu progresso são marcas da estrada.
    i. Talentos e fundos materiais são provisões da viagem.

Os autores afirmam que usamos esse mapeamento em nossa linguagem cotidiana, quando empregamos expressões como:

(19) a. Daremos a essa criança um bom ponto de partida.
    b. Ele já ultrapassou o limite desejado.
    c. Ele está embarcando em uma nova carreira.
    d. Eu já passei desta marca.

A terceira característica é a assimetria, que se refere à natureza direcional de uma metáfora. As metáforas não estabelecem comparações simétricas entre dois conceitos, estabelecendo pontos de semelhança. Ao contrário, a metáfora provoca no ouvinte uma transferência de propriedades da fonte para o alvo. Vejamos a metáfora *A vida é uma viagem* como exemplo: essa metáfora é assimétrica e o mapeamento só funciona em uma direção: da viagem para a vida; a direção oposta não ocorre. Normalmente, não descrevemos viagens em termos de vida; por isso, parecem estranhas sentenças como:

(20) a. Nosso voo nasceu (chegou).
    b. Quando chegamos ao aeroporto, nosso voo morreu (partiu).

Mesmo se conseguíssemos interpretar tais metáforas, parece claro que o significado seria bem diferente da estrutura original.

A última característica é a abstração, que se relaciona à assimetria. Há uma tendência na língua de uma metáfora típica usar uma fonte mais concreta para descrever um alvo mais abstrato. Novamente, podemos tomar como exemplo dessa característica a metáfora *A vida é uma viagem*. A experiência comum do nosso dia a dia de se mover fisicamente através do mundo é mais concreta que a nossa misteriosa e mais abstrata experiência de nascer, viver, morrer, envelhecer etc. Esse ponto de vista do concreto para o abstrato permite relacionar as metáforas a um papel central de organizadora de novos conceitos e organizadora de experiências. Entretanto, apesar de ser muito comum essa característica, ela não é uma característica necessária das metáforas: podem ocorrer, ocasionalmente, metáforas em que tanto a fonte como o alvo são igualmente concretos ou abstratos.

Influência da metáfora

É assumido que a presença da metáfora na mente do indivíduo exerce influência sobre uma série de comportamentos linguísticos. Sweetser (1990) aponta uma metáfora recorrente entre as línguas, que é a metáfora *mente/corpo*: por exemplo, quando dizemos que *pegamos a ideia* ou *ele segurou seus pensamentos*. Para a autora, esse ponto de vista metafórico, em que as propriedades do físico são transferidas para propriedades da mente, tem uma influência bastante relevante na história do desenvolvimento da polissemia e das palavras cognatas nas línguas que são relacionadas entre si. Por exemplo, em inglês, o verbo *see* (*ver*) tem dois significados: o significado físico básico de *ver com os olhos* e o significado ampliado metaforicamente de *entender*. Sweetser discute como é comum nas línguas indo-europeias a tendência de verbos de percepção incorporarem a metáfora do domínio físico para o domínio mental. A hipótese da autora é que a metáfora subjacente básica conduz a trajetória das mudanças semânticas em muitas línguas. Por isso, temos que palavras relacionadas a *see* (*ver*) passam a significar também *understand* (*entender*); palavras relacionadas a *listen* (*escutar*) passam a significar *obey* (*obedecer*); e palavras relacionadas a *touch* (*tocar*) passam a significar *emotion* (*emocionar*). Pode-se perceber, pelas traduções, que a hipótese da autora é apropriada também para o português. Façamos uma comparação entre algumas línguas indo-europeias mais conhecidas, como o português, o inglês, o francês e o italiano:

(21) ver → entender
   a. Eu estou vendo aonde você quer chegar.
   b. I see what you mean.
   c. Je vois ce que tu veux dire.
   d. Vedo cosa vuoi dire.

(22) escutar → obedecer
   a. Por que você não me escutou?
   b. Why didn't you listen to me?
   c. Pour quoi tu ne m'as pas écouté?
   d. Perché non mi hai ascoltato?

(23) tocar → emocionar
   a. Seu discurso me tocou profundamente.
   b. Your speech has touched me deeply.
   c. Votre discours m'a touché profondement.
   d. Tuo discorso mi ha toccato profondamente.

A argumentação central de Sweetser (1990), então, é que as mudanças semânticas históricas não são ao acaso, mas influenciadas por metáforas tais como as do tipo *mente/corpo*. Portanto, a metáfora, que é um tipo de estrutura cognitiva, é vista como condutora das mudanças lexicais e fornecedora da chave para entender a criação da polissemia e do fenômeno de trocas semânticas. Heine et al. (1991) defendem a mesma hipótese de Sweetser: a metáfora subjaz as mudanças históricas.

Esquema de imagens

O esquema de imagens é a forma central da estrutura conceitual dentro da concepção da Semântica Cognitiva. A ideia básica é que, devido a nossa experiência física de ser e de agir no mundo – de perceber o ambiente à nossa volta, de mover nossos corpos, de exercitar e de experienciar forças etc. –, formamos estruturas conceituais básicas com as quais organizamos o nosso pensamento sobre outros domínios mais abstratos. Em Johnson (1987), o esquema de imagens é visto como o nível mais primitivo da estrutura cognitiva, subjacente às metáforas, e que fornece uma ligação entre a experiência corporal e os domínios cognitivos mais altos, tais como a linguagem. Vejamos dois exemplos mais usuais desse esquema de imagens.

O esquema do recipiente

Johnson (1987) apresenta o esquema do recipiente[5] que tem origem na nossa experiência de o próprio corpo humano funcionar como um recipiente, de nós mesmos estarmos fisicamente localizados dentro de lugares limitados, como casas, quartos, e ainda da nossa experiência de colocarmos objetos dentro de recipientes. O resultado é um esquema abstrato de um recipiente, representado por uma imagem muito simples, em que existe uma entidade dentro de um lugar limitado:

(24) Recipiente

Figura adaptada de Johnson (1987: 23)

Um esquema como (24) é associado a algumas regras que decorrem da nossa experiência sobre o mundo. Todos concordamos que:

a. Recipientes são um tipo de disjunção: os elementos podem estar dentro ou fora do recipiente.
b. Recipientes são tipicamente transitivos: se o recipiente está contido em outro recipiente, a entidade localizada no primeiro recipiente também estará contida no segundo recipiente.

O esquema ainda é associado a inferências que podemos fazer a respeito de recipientes. Johnson (1987: 22) dá os seguintes exemplos dessas inferências:

a. Experiência com recipientes envolve proteção de forças exteriores.
b. Recipientes limitam forças, tais como movimento dentro deste recipiente.
c. A entidade contida no recipiente sofre uma relativa fixidez de locação.
d. O recipiente afeta a visão de um observador da entidade contida (tanto impedindo como propiciando a visão).

O esquema do recipiente pode ser expandido por um processo metafórico para domínios abstratos. Lakoff e Johnson (1980) identificam RECIPIENTE como sendo um dos grupos de metáforas ontológicas, em que nossa experiência de fenômenos não físicos é descrita em termos de simples objetos físicos como substâncias e recipientes. Por exemplo, o campo visual é frequentemente visto como um recipiente:

(25) a. Ele está fora de vista, agora.
 b. Eu não tenho nada em vista, no momento.

Também as atividades podem ser vistas como recipientes:

(26) a. Eu coloquei muita energia nesse trabalho.
 b. Ele está fora da corrida.
 c. Ela está mergulhada em seus pensamentos agora.

Para Lakoff e Johnson, esses exemplos são bem típicos e revelam o importante papel da metáfora em conceituar experiências cotidianas. Vale realçar ainda que, embora se tenha representado o esquema com uma imagem estática como a figura em (24), esses esquemas não são sempre estáticos e nem sempre restritos a imagens. O esquema pode ser dinâmico, o que veremos a seguir no esquema de trajetória, no qual estão envolvidas as ideias de movimento e mudança.

O esquema da trajetória

O esquema da trajetória, segundo Johnson (1987), reflete a nossa experiência cotidiana de nos movermos no mundo e de vermos os movimentos de outros corpos. Nossas trajetórias têm, tipicamente, um começo e um fim, uma sequência de lugares e uma direção. Baseado em tais experiências, o esquema da trajetória contém um ponto de começo (A) e de fim (B) e uma sequência de pontos contínuos, ligando essas duas extremidades:

(27) O esquema da trajetória
 A   B
———————→

Figura adaptada de Johnson (1987: 114)

Esse esquema também apresenta algumas implicações, como:

a. Como A e B estão conectados por uma série de pontos contínuos, passar de A para B implica passar por todos esses pontos intermediários.
b. Trajetórias tendem a ser associadas a movimentos direcionais de A para B.
c. Existe uma associação com o tempo. Para uma entidade percorrer uma trajetória, gasta um determinado tempo. Por isso, os pontos da trajetória são associados a uma sequência temporal. Como implicação, temos que quanto maior a trajetória percorrida por uma entidade, maior o tempo gasto por ela.

Essas implicações são expandidas metaforicamente para outros domínios mais abstratos. Por exemplo:

(28) a. Ele está escrevendo sua tese e já está quase lá.
  b. Para começar sua pesquisa, este é o ponto de partida.

Também os exemplos dados da metáfora *A vida é uma viagem* são derivados do esquema da trajetória.

Vistos, então, alguns exemplos de como são os possíveis esquemas da nossa estrutura conceitual, vejamos uma aplicação desses esquemas em um importante fenômeno linguístico: a polissemia.

Exercícios

1. Tente construir três grupos de metáforas usadas na linguagem cotidiana. Tome como exemplo a ilustração da metáfora *A vida é uma viagem*, descrita no capítulo. Aponte qual é o conceito presente no domínio do alvo e no domínio da fonte.

Polissemia

Os esquemas de imagens e suas expansões metafóricas têm sido usados em diversos estudos para descrever o tão discutido fenômeno da polissemia. Relembrando, a polissemia ocorre quando os possíveis sentidos de uma palavra ambígua têm alguma relação entre si. Vimos no capítulo "Ambiguidade e vagueza" como se trata o fenômeno da polissemia sob a perspectiva de uma abordagem referencial. Veremos, aqui, outra maneira de se tratar a polissemia, sob uma perspectiva cognitivista. Mais especificamente, veremos a polissemia das preposições.

Preposições

O esquema do RECIPIENTE tem sido usado para investigar a semântica das preposições espaciais em algumas línguas.[6] Esses estudos usam os esquemas para explorar a típica polissemia das preposições: o fato, por exemplo, de se poder usar a preposição *in* (*em*) de várias maneiras distintas, embora relacionadas. A seguir, farei uma adaptação dos exemplos em inglês de Herkovits (1986) para o português:

(29) a. a água no vaso
b. o rachado no vaso
c. o rachado na superfície
d. o pássaro na árvore
e. o pássaro no campo
f. a cadeira no canto
g. a lacuna no canto
h. a agulha na caixa
i. os músculos na perna
j. a pera na cesta
k. o bloco na caixa
l. o bloco na área retangular

É fácil perceber as diferentes relações estabelecidas entre a entidade e o recipiente nos exemplos. Em (29a), a água está contida no vaso; mas, em (29b), o rachado está no próprio vaso; em (29c), o rachado está apenas na superfície, sem estar dentro ou fora. Em (29d), o pássaro está em cima de um galho da árvore; enquanto, em (29e), entende-se que, provavelmente, o pássaro esteja voando no campo. E assim por diante. Herkovits mostra que esses usos são típicos e regulares nas línguas, e não simplesmente questões idiomáticas. Os estudos em outras línguas confirmam essa afirmativa, e podemos perceber que a transposição dos dados de Herkovits para o português também corrobora a argumentação da autora. Herkovits propõe que os vários usos da preposição ganham uma melhor descrição se forem vistos como uma expansão do esquema central do recipiente.

Existem dois pontos importantes a serem observados a respeito dessa proposta cognitiva para a polissemia das preposições. O primeiro é que várias situações do mundo real têm uma descrição de natureza metafórica e estão relacionadas ao esquema subjacente do recipiente. O segundo ponto é que a relação entre os vários sentidos polissêmicos não é arbitrária, mas sistemática e natural. Outro exemplo linguístico, que ilustra ainda mais essas afirmações, pode ser visto no caso da preposição *over* (*sobre*). Como foi feito para a preposição *em*, farei aqui uma adaptação, para o português, dos exemplos de Brugman e Lakoff (1988) do inglês:

(30) a. O avião está voando sobre a cidade.
b. Sam andou sobre a montanha.
c. O pássaro voou sobre a montanha.
d. O pássaro voou sobre a parede.
e. As nuvens estão sobre a cidade.
f. A tampa está sobre o buraco.
g. Os guardas estavam localizados sobre a montanha.
h. Harry não gosta de falar sobre seu divórcio.

Brugman e Lakoff propõem uma estrutura bem complexa para o significado de *sobre*. A preposição tem vários sentidos relacionados, dos quais podemos selecionar três: o primeiro sentido está associado a estar em cima e através de algo; o segundo sentido está associado a estar em cima de algo; e o terceiro sentido está associado a estar cobrindo algo. Os autores usam a expressão *categoria radial* para as estruturas produzidas pela expansão metafórica dos significados de origem central. Cada um desses sentidos, então, é estruturado como uma categoria radial com expansões de um protótipo central.[7]

Para concluir este capítulo sobre teorias cognitivas podemos citar, brevemente, duas importantes propostas na área. Primeiramente, a teoria de Fauconnier (1985, 1994), que propõe uma estrutura conceitual concebida por espaços mentais. O autor descreve como os falantes atribuem e manipulam a noção de referência, incluindo o uso de nomes, descrições definidas e pronomes. A proposta de Fauconnier revê a noção de referência de uma maneira totalmente distinta das teorias formais. Para o autor, quando estudamos o significado linguístico, nós estamos estudando a maneira pela qual a linguagem fornece um desencadeador parcial para uma série de procedimentos cognitivos bastante complexos. Por essa perspectiva, o significado não está na linguagem; ao contrário, a linguagem é como um recipiente para a construção do significado, no qual também acontece uma série de outros processos cognitivos. Esse processo de construção do significado é um processo baseado no discurso, o que implica que uma sentença é apenas um degrau dentro deste recipiente e não pode ser analisada de uma maneira clara, sem se reconhecer a sua relação com outras sentenças proferidas anteriormente. A teoria dos espaços mentais ainda trata de fenômenos linguísticos tais como metonímia, opacidade referencial e pressuposições. Para o leitor interessado nessa proposta, uma introdução da teoria encontra-se em Saeed (1997) e uma leitura mais aprofundada está no próprio Fauconnier (1985, 1994).

E, ainda, temos as teorias chamadas de Gramática de Construções, que são propostas de representação do conhecimento gramatical que também se inserem na corrente de estudos da Gramática ou Semântica Cognitiva. O termo *Gramática de Construções* refere-se, na verdade, a uma família de teorias, dentre as quais se podem citar a Gramática Cognitiva (Langacker, 1985, 1987), a Gramática de Construções (Goldberg, 1995), a Gramática de Construções Radical (Croft, 1991, 2001), entre outras. Todas essas propostas compartilham de certas características fundamentais: (i) adotam uma abordagem não derivacional para a sintaxe; (ii) enfatizam os construtos, ou seja, o modo como os falantes concebem as cenas e estados de coisas para proceder a análise linguística; (iii) adotam o conceito de composicionalidade na atribuição do significado do todo; (iv) enfatizam o fato de as línguas serem aprendidas, ou "construídas", com base no *input* (dados) e nas capacidades cognitivas gerais. Uma introdução a essas teorias cognitivas em português encontra-se em Ferrari (2011).

Exercícios

1. Escolha duas preposições do português e dê exemplos de como funciona a polissemia em termos metafóricos. No exemplo (29) deste capítulo, a preposição *em* é comparada à imagem do recipiente, e todas as ocorrências polissêmicas da preposição refletem alguma parte desse recipiente, ou seja, *em cima*, *dentro*, *na superfície* etc. Tente fazer o mesmo para os seus exemplos.

Indicações bibliográficas

Em português: Chierchia (2003, cap. 5), Lakoff e Johnson (2002) e Ferrari (2011).
Em inglês: Saeed (1997, caps. 2 e 11), Lakoff e Johnson (1980), Lakoff (1987) e Johnson (1987).

Notas

[1] Este capítulo segue o texto introdutório sobre Semântica Cognitiva de Saeed (1997), com adaptações dos exemplos e exercícios para o português.
[2] Seguindo a definição de Franchi (1997), entenda-se por categoria as propriedades ou conjuntos estruturados de propriedades que servem à delimitação, em um dado universo, das classes a que pertencem seus elementos (um princípio de classificação).
[3] Ver Smith e Medin (1981) para mais detalhes.
[4] Um panorama sobre esse tipo de abordagem está em Medin e Ross (1992).
[5] A palavra *recipiente* está sendo usada como *containment*, do inglês.
[6] Os estudos são para a língua cora (México), Langacker e Cassad (1985); para o inglês, Herkovits (1986); e para o francês, Vandeloise (1991).
[7] Como não é objetivo do livro explicitar cada uma dessas propostas, para explicações mais detalhadas sobre o funcionamento dessas expansões, ver diretamente Herkovits (1986) e Brugman e Lakoff (1988).

Papéis temáticos

O que são papéis temáticos?

Um fenômeno semântico que é tratado mais frequentemente dentro de uma perspectiva mentalista é a noção de papéis temáticos. Os papéis temáticos, quando vistos sob uma ótica semântica,[1] também são assumidos como representações mentais; são noções que dizem respeito à ligação entre conceito mental e sentido. Autores, como Jackendoff (1983, 1990), negam totalmente a relevância de conceitos como referência e valor de verdade para o estudo do significado. Um importante ponto concernente aos estudos dos papéis temáticos é a relação do evento com a estrutura conceitual mental, e da estrutura conceitual mental com a sintaxe. Esse tipo de preocupação não se encontra em outras teorias mentalistas, e geralmente teorias que abordam a questão dos papéis temáticos são mais conhecidas como teorias de Semântica Lexical. Vejamos, pois, o que vêm a ser os papéis temáticos.

A relação entre as funções semânticas que um item lexical estabelece com as funções sintáticas de uma sentença tem sua primeira origem no estudo do sânscrito pelo gramático indiano Pānini, por volta dos séculos VI e III a.C. Entretanto, só bem mais tarde, o tema retoma seu interesse entre linguistas, com os trabalhos de Gruber (1965), Fillmore (1968) e Jackendoff (1972), entre alguns outros. Os autores alegam que é necessário assumir essas funções semânticas em estudos gramaticais, pois as funções gramaticais de sujeito, objeto e outras são insuficientes para traduzir certas relações existentes entre algumas sentenças do tipo:

(1) a. O João quebrou o vaso.
    b. O vaso quebrou.
    c. O vaso foi quebrado por João.

Em (1a, b e c), *o vaso* tem a mesma função semântica de ser o paciente de uma ação, ou seja, aquele objeto que sofre a ação feita por um determinado agente; mas, em (a), exerce a função sintática de objeto, e, em (b) e em (c), de sujeito. Já *o João* tem a mesma função semântica de ser o agente da ação em (a) e (c), entretanto, sintaticamente, está em posição de sujeito em (a) e em posição de adjunção (c). Pode-se perceber então que, apesar de os argumentos estarem em posições sintáticas distintas, as orações não são distintas e sem relação. Na realidade, as três sentenças descrevem um mesmo evento, sob diferentes perspectivas. Existe algum tipo de dependência nas sentenças acima entre a ação de quebrar e as entidades João e vaso. Essas entidades, relacionadas pelo verbo, assumem uma mesma função semântica dentro das três sentenças. Por exemplo, o argumento *o João* em (1a) e em (1c) tem a mesma função semântica de ser o agente da ação de quebrar; e o argumento *o vaso* em (1a), (1b) e (1c) tem a função semântica de ser o paciente da ação, o que sofre a ação de quebrar. Repetindo, os exemplos acima são diferentes formas sintáticas de apresentação de um mesmo fato: existe o evento de *quebrar*, cujos participantes são *João* e *vaso*. As diferentes relações sintáticas apresentadas em (1) nada podem dizer a respeito dessa relação de dependência. Portanto, a dependência está nas relações de sentido que se estabelecem entre o verbo e seus argumentos (sujeito e complementos): o verbo, estabelecendo uma relação de sentido com seu sujeito e seus complementos, atribui-lhes funções, um papel para cada argumento.[2] São essas funções que chamamos de papéis temáticos.[3] Veremos a seguir que os primeiros estudos sobre papéis temáticos assumem que a propriedade de o sujeito do verbo ser um agente é uma informação semântica primitiva contida no item lexical verbal.

Podemos perceber, também, que não existem apenas eventos relativos às ações, como *quebrar, abrir, fechar* etc. O homem também experimenta sentimentos, sensações, tem percepções, é capaz de relacionar coisas etc. Ou seja, existem, além dos eventos de ação, eventos mentais e outros que poderíamos classificar como relacionais. Os eventos mentais expressam uma experiência, seja psicológica (2a), seja perceptiva (2b), seja cognitiva (2c):

(2) a. O João ama a Maria.
b. O João enxergou a luz no fim do túnel.
c. O João acreditou no jornal.

Não se pode dizer que *o João* tenha o papel de agente dos eventos descritos, visto que ele, simplesmente, passa por um processo de experiência mental. Isso se torna mais claro se compararmos (3a), em que temos verbos de processos mentais, e (3b), em que temos verbos de ação:

(3) a. ?O que o João fez foi amar a Maria/enxergar a luz no fim do túnel.
acreditar no jornal.
b. O que o João fez foi quebrar/abrir/fechar o vaso.

Quanto aos processos relacionais, também é impossível pensar no sujeito como tendo o papel de agente do processo, ou mesmo como tendo o papel de experienciador desse processo. Nesse tipo de oração, simplesmente relacionamos dois estados de fato:

(4) a. O João é bonito.
b. O João tem uma casa.

Fica evidente, pois, que as relações semânticas, ou os papéis temáticos, estabelecidas entre os verbos e seus sujeitos e complementos (seus argumentos) podem ser de diferentes tipos.

Tipos de papéis temáticos

A partir desses estudos iniciais, a noção de papel temático foi incorporada a várias teorias gramaticais, das mais variadas formas. Os primeiros autores a estudarem essas noções adotavam a posição de que os papéis temáticos eram informações semânticas primitivas, que um item predicador já trazia marcadas em suas informações lexicais. Por exemplo, o verbo *quebrar* traria como informação que seu sujeito e que seu complemento seriam associados aos papéis temáticos de agente e paciente, respectivamente. A definição dessas noções semânticas era dada por uma lista de papéis temáticos. Autores como Fillmore (1968, 1971), Chafe (1970), Halliday (1966, 1967), Gruber (1976), Jackendoff (1972), entre outros, propõem uma extensa lista para a classificação dos diferentes tipos de papéis temáticos. Baseada nessa literatura, elaborei uma lista mais geral e abrangente de papéis temáticos (os papéis temáticos apontados são marcados em itálico nos exemplos):

a) Agente: o desencadeador de alguma ação, capaz de agir com controle.

(5) *O João* lavou o carro.
(6) *A Maria* correu.

b) Causa: o desencadeador de alguma ação, sem controle.

(7) *As provas* preocupam a Maria.
(8) *O sol* queimou a plantação.

c) Instrumento: o meio pelo qual a ação é desencadeada.

(9) O João colou o vaso com *cola*.
(10) A Maria escreveu a carta com *uma caneta esferográfica*.

d) Paciente: a entidade que sofre o efeito de alguma ação, havendo mudança de estado.

    (11) O João quebrou *o vaso*.
    (12) O acidente machucou *a Maria*.

e) Tema: a entidade deslocada por uma ação.

    (13) O João jogou *a bola* para a Maria.
    (14) *A bola* atingiu o alvo.

f) Experienciador: ser animado que mudou ou está em determinado estado mental, perceptual ou psicológico.

    (15) *O João* pensou na Maria.
    (16) *O João* viu um pássaro.
    (17) *O João* gosta da Maria.

g) Beneficiário: a entidade que é beneficiada pela ação descrita.

    (18) O João pagou a *Maria*.
    (19) O João deu um presente para a *Maria*.

h) Objetivo (ou objeto estativo): a entidade à qual se faz referência, sem que esta desencadeie algo ou seja afetada por algo.

    (20) O João leu *um livro*.
    (21) O João ama *a Maria*.

i) Locativo: o lugar em que algo está situado ou acontece.

    (22) Eu nasci em *Belo Horizonte*.
    (23) O show aconteceu no *teatro*.

j) Alvo: a entidade para onde algo se move, tanto no sentido literal como no sentido metafórico.

    (24) A Sara jogou a bola para *o policial*.
    (25) O João contou piadas para *seus amigos*.

k) Fonte: a entidade de onde algo se move, tanto no sentido literal como no sentido metafórico.

(26) O João voltou de *Paris*.
(27) O João tirou aquela ideia d*o artigo do Chomsky*.

De posse dessas informações, devemos ser capazes de apontar os papéis temáticos, ou seja, as funções semânticas que os argumentos desempenham em grande parte das sentenças do português brasileiro. Por exemplo, na sentença *A Maria abriu a caixa*, podemos apontar o argumento *a Maria* como sendo o agente da ação descrita pelo verbo *abrir* e *a caixa* como o paciente dessa ação. Jackendoff (1972) propõe um teste para se identificar um agente: sentenças que têm um agente aceitam as expressões *deliberadamente, com a intenção de* etc. Isso reflete o fato de que um agente está caracteristicamente associado à vontade e à animacidade. Os exemplos em (28a) e (28b) identificam *A Maria* como agente em (28a), mas não em (28b):

(28) a. A Maria abriu a caixa com a intenção de ver o que havia lá dentro.
   b. ??A Maria ganhou a caixa com a intenção de ver o que havia lá dentro.

Outros testes bem simples, sugeridos também por Jackendoff (1990), predizem que, para um agente (X), ocorrerá a estrutura em (29) a seguir; e, para um paciente (Y), ocorrerão as estruturas em (30):

(29) O que X fez foi...
(30) a. O que aconteceu com Y foi...
   b. O que X fez com Y foi...

Portanto, para identificarmos o agente *a Maria* e o paciente *a caixa*, aplicaremos os testes (29) e (30):

(31) O que a Maria fez foi abrir a caixa.
(32) a. O que aconteceu com a caixa foi a Maria abri-la.
   b. O que a Maria fez com a caixa foi abri-la.

Tente você, agora, descobrir quais são os tipos de papéis temáticos dos exercícios a seguir.

Exercícios

1. Com base nas definições informais dadas na seção anterior, tente atribuir um único papel temático para cada expressão em itálico a seguir:
   1) *A Maria* dirigiu até a festa.
   2) *O João* morreu.

3) O João preocupa *a mãe* com sua arrogância.
4) *O João* perdeu um livro.
5) O João leu *um livro*.
6) O João construiu *uma casa*.
7) O João ofertou *um prêmio* para a instituição.
8) O João comprou uma casa *do corretor*.
9) Meus problemas derivam da *falta de dinheiro*.
10) Eu fui para *São Paulo*.
11) O João jogou *a bola* para a Maria.
12) O João está *na casa*.
13) *Os problemas* aborrecem a Maria.
14) *O João* andou pela cidade.
15) *A Maria* viu um ET.

Problemas com as definições de papéis temáticos

Ao fazer os exercícios, você deve ter encontrado certa dificuldade, às vezes, em reconhecer o tipo de papel temático e, às vezes, em atribuir mais de um papel temático a determinado argumento. Realmente, esse foi o grande problema enfrentado pelos autores que tratavam os papéis temáticos como uma lista definida *a priori*: as definições assumidas. Como você mesmo pôde observar, as definições dadas correspondem a caracterizações bastante intuitivas, contudo, muito informais e vagas para um tratamento teórico. Além disso, a lista anterior é uma tentativa de constituição de uma lista mais geral, porque, em realidade, existem várias definições de autores diferentes para um mesmo papel temático.

Há uma grande divergência entre as definições propostas na literatura para os vários tipos de papel temático. Por exemplo, o agente, para Fillmore (1968), é a função desempenhada por um ente animado que é responsável, voluntária ou involuntariamente, pela ação ou pelo desencadeamento dos processos. Para Halliday (1967), é o elemento controlador da ação. E, para Chafe (1970), é algo que realiza a ação, incluindo aí animados, forças naturais e inanimados. Analisando a sentença seguinte:

(33) O João quebrou o vaso com o empurrão que levou.

O João seria o agente da ação para Fillmore e para Chafe; entretanto, não o seria para Halliday. Retomemos o exemplo (9), em (34):

(34) O João colou o vaso com cola.

O instrumento, para Chafe (1970), é o objeto usado pelo agente para realizar as ações, como força inanimada ou objeto casualmente envolvido na ação ou estado, excluindo força motivadora, causa ou instigador ativo. Portanto, Chafe analisaria *cola* como instrumento. Entretanto, Fillmore (1971) define instrumento como sendo a causa imediata dos eventos, o estímulo de eventos psicológicos, incluindo aí forças naturais. Portanto, para Fillmore, *cola* não seria um instrumento.

Em vista dos exemplos dados, podemos perceber que, além de termos definições incongruentes, também corremos o risco de encontrar uma lista enorme de papéis temáticos. A cada ocorrência da língua, podemos encontrar uma nova especificidade entre as relações lexicais que gerará um novo papel temático. Também corremos o risco de os critérios usados nessas definições nem sempre associarem apenas um papel temático a cada argumento. Vejamos por que isso seria um problema.

Os papéis temáticos têm sido objeto de estudo de várias correntes teóricas. Por exemplo, uma questão central da Teoria de Princípios e Parâmetros, de Chomsky (1988), é o Critério-Theta. Este critério, bastante aceito entre os linguistas, estabelece que deva existir uma correspondência um a um entre os sintagmas nominais e os papéis temáticos, ou seja, cada sintagma da sentença recebe apenas um papel temático, e cada papel temático é associado a apenas um sintagma. Se aceito esse princípio, temos um problema para os nossos exemplos (35) e (36), em que parece existir mais de um papel temático para um mesmo sintagma:

(35) *O João* comprou um carro da Maria.
(36) *O João* correu muito.

Em (35), *o João* parece ser, sem muita dúvida, o agente dessa ação, pois desencadeia o processo e tem controle sobre ele. Mas *o João* não seria, também, o alvo da compra, já que alvo é a entidade para onde algo se move? *Um carro* não se move, pelo menos metaforicamente, de *a Maria* para *o João*? Em (36), *o João* é o agente dessa ação, mas não seria também um tema, já que é uma entidade deslocada? Portanto, percebemos que nem sempre é fácil atribuir esses papéis.

Veja que Jackendoff (1972, 1990), em outra perspectiva, sugere que um sintagma pode ser preenchido por mais de um papel temático. O autor propõe uma teoria composta por dois planos: o plano temático, que descreve relações espaciais, e o plano da ação, que descreve relações do tipo agente-paciente. Exemplos de Jackendoff (1990: 126-7), traduzidos para o português, são:

(37) Sue bateu no Fred.
    a. Tema   Alvo   (plano temático)
    b. Agente   Paciente (plano da ação)

(38) Pete jogou a bola.
  a. Fonte   Tema   (plano temático)
  b. Agente   Paciente (plano da ação)
(39) Bill entrou no quarto.
  a. Tema   Alvo   (plano temático)
  b. Agente   (plano da ação)
(40) Bill recebeu a carta.
  a. Alvo   Tema   (plano temático)
  b. Beneficiário   (plano da ação)

Como vemos, em (37), *Fred* é simultaneamente o alvo e o paciente da ação; *Pete*, em (38), é a fonte e o agente; e assim por diante. Alguns sintagmas que não apresentam papéis no plano da ação refletem os casos em que os sintagmas têm apenas papéis no plano temático: por exemplo, em (39), *o quarto* não tem papel no plano da ação; e, em (40), *a carta* não tem papel no plano da ação. De acordo, então, com essa proposta, podemos dividir os papéis temáticos em dois tipos:

(41) Papéis temáticos do plano da ação: agente, experienciador, paciente, beneficiário, instrumento.
(42) Papéis temáticos do plano temático: tema, alvo, fonte, locativo.

A conclusão a qual Jackendoff (1990) chega com essa proposta é clara: os papéis que os falantes atribuem às entidades devem ser mais complicados que um simples rótulo como o de agente, o de paciente etc.[4]

Exercícios

I. Dê a sua definição de agente e paciente e ilustre com exemplos.
II. Jackendoff (1990) propõe uma distinção entre o plano temático (plano relacionado a movimento e espaço) e o plano da ação (plano relacionado a noções de agente-paciente). Segundo o autor, um argumento pode ter papéis nesses dois planos simultaneamente. Tente inventar sentenças em que o argumento tenha, ao mesmo tempo, os seguintes pares de papéis:
  1) agente e alvo
  2) paciente e tema
  3) agente e fonte
  4) agente e tema
  5) causa e fonte

Papéis temáticos e posições sintáticas

Tendo sido identificados os papéis temáticos, segue, pois, uma pergunta fundamental: existe alguma relação desses papéis específicos com as posições sintáticas de uma sentença? Para o português, assim como para outras línguas próximas (inglês, francês, italiano etc.), podemos estabelecer que os papéis temáticos são associados às posições sintáticas por dois pontos: primeiro, por algum tipo de correspondência sistemática entre os papéis e as posições sintáticas; segundo, pela alternância que o verbo pode sofrer na sua estrutura argumental. Dentre as correspondências, existem algumas bem previsíveis na língua. Por exemplo, na ordem canônica, o agente geralmente ocorre na posição de sujeito; o paciente, na posição de objeto direto; e o instrumento, como um adjunto da sentença. Entretanto, essa não é a única possibilidade de ocorrência na língua. Outra possibilidade é quando um desses papéis é omitido e existe uma reorganização da estrutura sintática, a chamada alternância verbal. Por exemplo, a ordem canônica do verbo *espatifar* é a mostrada em (43a): o agente na posição de sujeito, o paciente na posição de objeto e o instrumento na posição de adjunto. Entretanto, há outras possibilidades desse verbo se organizar na sintaxe, como mostram os exemplos (43b) e (43c):

(43) a. O João espatifou o gelo com esta pedra.
b. Esta pedra espatifou o gelo.
c. O gelo (se) espatifou.

Temos, em (43a), *o João* como o agente da ação e o sujeito da sentença, *o gelo* como o paciente que sofre a ação e o objeto direto da sentença, e *esta pedra* como o instrumento usado pelo agente para realizar a ação e o adjunto da sentença; em (43b), o agente é omitido e o instrumento ocupa a posição de sujeito; em (43c), o agente e o instrumento são omitidos e o paciente ocupa a posição de sujeito. Portanto, o verbo *espatifar* permite a seus três papéis temáticos ocuparem a posição de sujeito.

Vejamos outro exemplo de alternância verbal com o verbo *matar*; é possível omitir o agente da sentença em (44a) e, como resultado, ter o instrumento na posição de sujeito em (44b):

(44) a. O João matou essa galinha com uma faca afiada.
b. Uma faca afiada matou essa galinha.

Do ponto de vista da alternância na estrutura do verbo, podemos perceber que o verbo *matar* aceita que o sujeito seja omitido e que o instrumento ocupe a posição de sujeito. Entretanto, o verbo *matar* não aceita que o paciente ocupe a posição de sujeito. Para descrevermos a situação somente da perspectiva do paciente, temos que usar outro verbo:

(45) a. *Essa galinha matou.
b. Essa galinha morreu.

Os exemplos em (45) nos mostram que a ordem canônica é comum a todos os verbos, mas que a alternância da estrutura dos verbos depende de cada verbo específico, ou, como veremos mais adiante, depende do tipo específico de classe de verbos. Esses exemplos, também, nos mostram que a língua nos oferece possibilidades para falarmos das coisas no mundo. A primeira possibilidade tem relação com os tipos de papéis temáticos e a seleção da posição sintática específica, que é estabelecida pelo chamado Princípio de Hierarquia Temática; a segunda tem relação com a classe específica de verbos e como eles podem se reorganizar, a chamada *alternância verbal*.

Muitos autores têm sugerido que esse processo de diferentes papéis temáticos ocuparem a posição de sujeito é um processo hierárquico, não somente em português, mas também em muitas outras línguas. Parece que, quando um falante constrói uma sentença, tende a colocar o agente na posição de sujeito; se não houver um agente, a segunda preferência é para um beneficiário ou experienciador; a terceira preferência é para um tema ou paciente, e assim por diante. Esse processo é conhecido, mais geralmente, como princípio da hierarquia temática. Exemplificarei, aqui, esse princípio de uma maneira mais geral; entretanto, existem muitas versões dessa proposta hierárquica na literatura:[5]

(46) Agente > Experienciador/Beneficiário > Tema/Paciente > Instrumento > Locativo

O diagrama pode ser lido em duas direções: os papéis localizados mais à esquerda do diagrama são os que têm maior preferência para a posição de sujeito; ou seja, o agente, o experienciador e o beneficiário têm a preferência para serem sujeitos. Os papéis localizados mais à direita têm uma preferência menor para a posição de sujeito; ou seja, será mais difícil encontrar um tema ou um paciente, ou um instrumento, ou um locativo em posição de sujeito. Uma segunda maneira de interpretar o diagrama é um tipo de regra de expectativa, isto é, se uma língua tiver um sujeito locativo, espera-se que essa língua tenha todos os outros papéis, à esquerda do diagrama, na posição de sujeito. Ou seja, essa língua terá como sujeito um instrumento, um tema ou um paciente, um experienciador ou um beneficiário e um agente. Entretanto, se uma língua permitir um instrumento na posição de sujeito, podemos esperar que essa língua tenha todos os outros papéis à esquerda nessa posição, mas não podemos prever se essa língua permitirá ter como um sujeito um locativo, que fica em uma posição mais à direita do instrumento. Com essa previsão, não esperamos encontrar no mundo uma língua que permita um agente e um instrumento serem sujeitos e não encontrar um tema ou um paciente como sujeitos. Essa expectativa parece estar correta para o português, pois do instrumento para a esquerda encontramos todos os tipos de papéis temáticos propostos pela hierarquia na posição de sujeito; entretanto, não parece ocorrer um locativo nessa posição:

a) Sujeito agente:
    (47) a. O ladrão roubou a joia.
    b. O menino pulou a janela.
b) Sujeito experienciador:
    (48) a. O João ama a Maria.
    b. O João pressentiu o perigo.
c) Sujeito beneficiário:
    (49) a. A Maria recebeu o presente.
    b. O João ganhou a corrida.
d) Sujeito paciente:
    (50) a. O João morreu.
    b. O vaso quebrou.
e) Sujeito tema:
    (51) a. A bola rolou a montanha.
    b. A seta atingiu o alvo.
f) Sujeito instrumento:
    (52) a. A chave abriu a porta.
    b. Aquela caneta amarela escreveu essa carta.
g) Sujeito locativo:
    (53) a. *Belo Horizonte moro eu.
    b. *Paris veio João.[6]

Para concluir, deixo claro que a proposta de hierarquia é muito aceita pela literatura linguística; no entanto, existem várias divergências a respeito da ordem dos papéis, de quais são os papéis realmente relevantes para a hierarquia e de outros pontos teóricos.

Exercícios

1. Para cada um dos papéis temáticos a seguir, construa uma sentença em que esse papel temático ocupe a posição de sujeito:

1) agente
2) paciente
3) beneficiário
4) instrumento
5) experienciador

Estrutura argumental dos verbos

A cada tipo de verbo são associados diferentes papéis temáticos: *matar*, por exemplo, é associado a agente e a paciente, enquanto *morrer* é associado somente a paciente. Essas informações a respeito dos papéis temáticos dos verbos fazem parte do conhecimento semântico da língua que o falante adquire. Portanto, espera-se que essas informações, de alguma maneira, estejam estocadas no léxico. Devemos ter informações não somente a respeito do número e do tipo sintático dos complementos que um verbo pede, ou seja, a sua transitividade, mas também devemos saber que tipo de conteúdo semântico esse complemento tem, ou seja, se é um agente, um paciente etc. São essas informações que orientam a formação das sentenças na sintaxe. Essas informações, sintática e semântica, que um item verbal traz são geralmente chamadas de estrutura argumental.[7] Vejamos um exemplo com o verbo *colocar*:

(54) COLOCAR: v, {<u>SN</u>, SN, SP}
{Ag, Tema, Loc}

A estrutura argumental em (54), além de nos dar a informação sintática de que o verbo *colocar* é um verbo bitransitivo, ou seja, tem dois complementos, também nos dá a informação semântica de que existe um agente, um tema e um locativo, que são as relações semânticas estabelecidas entre o verbo *colocar* e seus argumentos, e que o sujeito é o agente, o tema é o objeto e o locativo é o objeto indireto, pela ordem em que aparecem. As informações predizem que esse verbo, quando saturado (completado), deve formar uma sentença como (55):

(55) O João colocou o livro na mesa.

Em (55), todos os sintagmas da sentença estão especificados na estrutura argumental de *colocar*, descrita anteriormente. Entretanto, não é sempre que todos os sintagmas das sentenças fazem parte da estrutura argumental do verbo. Aos papéis temáticos que fazem parte da estrutura argumental do verbo, chamamos de argumentos (sujeito e complementos); aos que não são especificações do verbo, chamamos de adjuntos. Embora essa distinção nem sempre seja tão clara, ela é útil e muito usada. Para poder estabelecer essa divisão, proponho alguns testes bastante utilizados na literatura linguística:

(56) a. O João colocou o livro no escritório.
b. O João leu o livro no escritório.

Como distinguir *o escritório* como argumento de (56a) e como adjunto de (56b)? Uma primeira motivação pode ser a necessidade da explicitação sintática do argumento para a gramaticalidade da sentença:

(57) a. *O João colocou o livro.
b. O João leu o livro.

Portanto, o verbo *colocar* teria um locativo como argumento. Mas esse não é um teste infalível. Veja que, dependendo do complemento, podemos ter (58), que é perfeitamente gramatical:

(58) O João colocou o chapéu e saiu.

Essa questão de adjunção e complementação é bastante complicada na literatura linguística e pouco clara ainda.[8] Entretanto, temos sempre que nos valer dessas noções nas nossas análises. Intuitivamente, todos concordam que elas existem. Portanto, o que podemos fazer é aplicar alguns testes, mesmo como o anterior, tendo em mente que é só uma primeira fonte de restrição sobre a natureza funcional do sintagma. Outro teste relaciona-se com uma ordem preferível. Os adjuntos são percebidos como menos presos aos verbos, estruturalmente. Portanto, espera-se que adjuntos sejam mais flexíveis na sentença e que complementos sejam mais presos ao verbo:

(59) a. No escritório, o João colocou o livro.
b. No escritório, o João leu um livro.

Parece que (59a) é uma sentença menos usual em português e que requer uma entonação mais específica. Ao contrário de (59b), que não requer uma entonação específica. Isso se deve ao deslocamento do argumento em (59a), que parece ser menos permitido, e do deslocamento do adjunto em (59b), mais livre. Outra informação a respeito de adjuntos é que geralmente são expressões de tempo, lugar, maneira etc. e podem coocorrer com todos os verbos. Por isso, não precisam ser especificados no léxico. Entretanto, existem verbos que expressam lugar ou tempo e que têm essas expressões como argumentos – e, portanto, como parte de sua estrutura argumental. É o caso de (55), que tem um locativo como argumento, expresso em sua estrutura argumental.

Ainda em relação à estrutura argumental dos verbos, podemos observar que alguns verbos formam uma classe semântica específica, de acordo com sua estrutura. Por exemplo, verbos como *dar, emprestar, doar, pagar* etc., que expressam uma transferência a partir do agente da ação, terão a seguinte estrutura argumental geral:

(60) Verbos de transferência: {Agente, Tema, Alvo}

Note que é uma maneira interessante de descrever características semânticas semelhantes. Outras classes específicas de verbos podem ser de verbos psicológicos: *amar, detestar, adorar, admirar* etc.; verbos de trajetória: *vir, ir, andar* etc.

(61) Verbos psicológicos: {Experienciador, Tema}
(62) Verbos de trajetória: {Agente, Fonte, Alvo}

Uma última observação a respeito das estruturas argumentais. Até aqui, tratei apenas dos verbos, os atribuidores de papéis temáticos por excelência; entretanto, há autores, como Anderson (1979), Cinque (1980) e Giorgi e Longobardi (1991), que também associam a alguns nomes (em geral, os deverbais, ou seja, nomes que se originam de verbos) a propriedade de atribuírem papéis temáticos; são nomes que pedem complementos:

(63) a. a construção d*a casa* (resultativo)
    b. o aperfeiçoamento d*o curso* (paciente)

Ainda, Higginbotham (1985) estende a atribuição de papel temático aos adjetivos:

(64) a. orgulhoso de *seus filhos* (objeto estativo)
    b. contente com *seu desempenho* (objeto estativo)

E mesmo algumas preposições, em determinados ambientes, também atribuem papel temático a seu complemento; *sobre* atribui o papel temático de locativo a seu complemento em (65a), e *com* atribui o papel temático de companhia ao seu complemento em (65b):

(65) a. Ele andou sobre *as águas.* (lugar)
    b. Ela veio com *a Maria.* (companhia)

Exercícios

1. Dê a estrutura argumental dos seguintes itens lexicais:
    1) comprar
    2) receber
    3) dar
    4) amar
    5) preocupar

6) por
7) desmoronamento
8) vaidoso
9) sobre
10) diversão

Motivação empírica para o estudo dos papéis temáticos

Os indícios de que certos aspectos semânticos são relevantes para a sintaxe das expressões corroboram a tentativa de se tratar os papéis temáticos de uma maneira mais rigorosa, tendo um estatuto teórico em uma teoria gramatical. Além das evidências empíricas da língua de que existe uma relação de hierarquia entre as posições sintáticas e os papéis temáticos, existem ainda algumas outras propriedades sintáticas que parecem ter restrições de ordem semântica para ocorrer, como é o caso das alternâncias verbais: por exemplo, as propriedades de incoativização e de passivização. Ilustrarei essas evidências com alguns exemplos do português brasileiro.

A incoativização é uma propriedade sintática, assim como a passivização, originada na alternância verbal de um item. Na incoativização, há uma reorganização da estrutura argumental canônica do verbo e o sujeito da sentença é omitido, deixando vaga a primeira posição argumental que é preenchida com o argumento que está na posição de complemento. No entanto, não são todos os verbos que permitem tal propriedade, como já vimos em (45). Vejamos os exemplos a seguir:

(66) a. O José quebrou/espatifou *um vaso de barro*.
b. O José possui/adora *um vaso de barro*.
(67) a. *O vaso de barro* quebrou/espatifou.
b. *O vaso de barro possui/adora.

Para Whitaker-Franchi (1989) e Levin (1989), o processo de incoativização só ocorre quando o complemento do verbo tem como papel temático um paciente. É o que acontece com (66a), em que os complementos dos verbos têm como papel temático um paciente e permitem (67a). Diferentemente do que ocorre em (66b) e (67b). Essa parece ser uma primeira restrição, embora não seja a única.

Outro exemplo da relevância do estudo dos papéis temáticos é o processo de passivização. Cançado (2005) e Cançado e Franchi (1999) lançam a hipótese de que toda sentença, cujo argumento que está na posição do sujeito tenha como acarretamento a propriedade semântica do controle ou do desencadeamento direto, aceita a propriedade sintática da passivização. Cançado (2005) segue, em parte, a proposta de Dowty (1989, 1991), em que papéis temáticos são um grupo de propriedades acarretadas pelo verbo a um argumento determinado. Portanto, a hipótese restringe a passivização à ocorrência dos tipos específicos de papéis temáticos. Nas sentenças seguintes, em que a propriedade do controle não está associada ao argumento na posição de sujeito da sentença, as passivas não são aceitas:

(68) a. O fazendeiro possui cem alqueires de terra.
b. *Cem alqueires de terra são possuídos pelo fazendeiro.
(69) a. O João recebeu um tapa.
b. *Um tapa foi recebido pelo João.

Mas observe que, em sentenças nas quais se pressupõe o controle por parte de seus sujeitos gramaticais, a passiva é aceita:

(70) a. O diabo possuiu o homem totalmente.
b. O homem foi possuído pelo diabo.
(71) a. O João recebeu uma herança.
b. A herança foi recebida pelo João.

Com o exposto sobre os papéis temáticos, parece evidente que essas noções têm um papel crucial no conhecimento do falante sobre a língua e que, portanto, são noções que merecem continuar a ser investigadas, mesmo havendo tantos problemas teóricos ainda a serem contornados.

Vale, ainda, realçar que, para se ter um panorama mais amplo dos estudos sobre as funções semânticas e a sua relação com a sintaxe, deveríamos ainda explorar outras teorias lexicais como as teorias que tratam de decomposição de predicados (Levin e Rapapport, 1995; Van Valin Jr., 2005; Van Valin Jr. e LaPolla, 1997; Wunderlich, 2009; entre outros) e aspecto acionais, tais como as noções de *accomplishments*, atividades, *achievements* e estados (Vendler, 1967; Comrie, 1976; Dowty, 1979; Grimshaw, 1990; entre outros).

Exercícios

1. Construa para as sentenças seguintes as incoativas e as passivas correspondentes, se possível. Caso não seja possível, tente explicar o porquê, usando as noções de papel temático:
    1) João tem uma casa.
    2) Maria teve seus filhos em uma manjedoura.

3) João vendeu uma casa.
4) João preocupou Maria.
5) João assustou Maria.

Indicações bibliográficas

Em português: Cançado (2005), Ilari e Geraldi (1987, cap. 2) e Franchi (1997).
Em inglês: Saeed (1997, cap. 6), Jackendoff (1983, 1990) e Dowty (1989, 1991).

Notas

[1] A Sintaxe Gerativa também trata do fenômeno dos papéis temáticos; entretanto, a perspectiva adotada é puramente estrutural, ou seja, só lhe interessa a atribuição ou não dessas propriedades aos argumentos (sujeito e complementos) de uma sentença; o conteúdo semântico, tal como agente, paciente, não tem relevância para uma abordagem dessa natureza.

[2] Não é só o verbo que atribui papel temático a seus argumentos; os nomes deverbais contidos em sintagmas, como *construção da casa*, atribuem papel a seu complemento; os adjetivos que pedem complemento, como no sintagma *orgulhoso de seus filhos*, atribuem papel temático a seu complemento; algumas preposições (dependendo da sua função na sentença), como no sintagma *com um martelo*, atribuem papel temático a seu complemento. Entretanto, o verbo é o atribuidor prototípico de papel temático, ou seja, o atribuidor por excelência.

[3] Existem diversas denominações para essas relações semânticas na literatura: papéis participantes (Allan, 1986), casos semânticos profundos (Fillmore, 1968), papéis semânticos (Givón, 1984), relações temáticas (Gruber, 1976; Jakendoff, 1972) e papéis temáticos (Dowty, 1989, 1991; Jackendoff, 1983, 1990). Como, mais recentemente, a denominação mais adotada tem sido papéis temáticos, será esta a aqui privilegiada.

[4] Outros autores, como Foley e Van Valin Jr. (1984), Dowty (1989, 1991) e Cançado (2005), para o português brasileiro, também tentam capturar essa intuição.

[5] Ver, por exemplo, Fillmore (1968), Jackendoff (1972, 1983, 1990), Givón (1984), Foley e Van Valin Jr. (1984), Carrier-Duncan (1985), Grimshaw (1990), Bresnan e Kanerva (1989), Dowty (1991), Hudson (1992) e, para o português brasileiro, Cançado (2005).

[6] Existem exemplos como: (i) O céu tem estrelas; (ii) Esse sítio dá bananas. Mas também existem controvérsias a respeito do fato de os sujeitos dessas sentenças serem locativos ou não. Para uma análise desses exemplos, ver Cançado (2005).

[7] O termo *estrutura argumental*, que aparece nos anos 1980 na Linguística americana, equivale, *grosso modo*, ao conceito de *valência*, introduzido anteriormente na Linguística europeia pelo linguista francês Tesnière (1959).

[8] Sobre a distinção entre argumento, complementos e adjuntos no português brasileiro, ver Cançado (2009).

PARTE IV
FENÔMENOS DO SIGNIFICADO E A ABORDAGEM PRAGMÁTICA

Atos de fala
e implicaturas conversacionais

Teoria dos atos de fala

Vimos, até aqui, fenômenos semânticos tratados em teorias de referência e em teorias de representações mentais. Entretanto, todos concordam que a linguagem é mais do que a descrição dos estados de coisas (como é tratada a linguagem na abordagem referencial) e mais do que estabelecer a relação entre o mundo e os conceitos mentais (como é tratada a linguagem na abordagem mentalista). Existe uma série de outros usos que fazemos da linguagem relacionados a práticas e convenções sociais, a intenções etc. Como propus no capítulo "A investigação do significado", vamos assumir que o significado, em um sentido mais amplo, é determinado pela gramática (o estudo da semântica) e pelo uso (o estudo da pragmática). Neste capítulo, mostrarei que além de propostas referenciais e mentalistas, existem propostas sobre alguns aspectos do uso que também fazem parte de uma teoria do significado.

As ideias que apresentarei a seguir são perfeitamente compatíveis com as teorias que tratam do significado literal, ou seja, as teorias de abordagem referencial. São propostas complementares, que seguem a proposta de Chomsky (1965) de que a linguagem se divide em competência e em desempenho. Relembrando, a competência é um determinado sistema de conhecimentos que nos permite reconhecer, produzir e interpretar sequências bem formadas da nossa língua nativa, e, segundo Chomsky, esta é uma capacidade inata. Uma teoria que trate do conhecimento estritamente semântico estaria investigando parte da nossa competência linguística. O desempenho é o uso desse conhecimento em situações comunicativas concretas e está situado no âmbito da Pragmática. Uma teoria que trate de situações do uso estaria investigando a questão do desempenho.[1]

Sentenças não declarativas

Voltando aos capítulos iniciais, podemos observar que as noções estudadas de acarretamento, de sinonímia, de contradição e de outras que se valem do valor de verdade sempre têm como objeto de estudo sentenças declarativas simples. Para esse tipo de sentença, parece bem natural a aplicação do conceito de valor de verdade:

(1) João quebrou o vaso.

É perfeitamente possível afirmarmos algo sobre a verdade ou a falsidade da sentença em (1). Entretanto, o que dizer de sentenças não declarativas do tipo:

(2) a. João, quebre o vaso!!!
     b. O João quebrou o vaso?

Não parece fazer sentido afirmarmos algo sobre a verdade ou a falsidade da sentença imperativa (2a) ou da interrogativa (2b). Entretanto, como observou Frege (1918), ainda podemos nos valer da noção de valor de verdade para estudar sentenças não declarativas. Veja que as sentenças (1), (2a) e (2b) têm um conteúdo em comum: o fato de o vaso quebrar. Em (1), esse fato está sendo afirmado; em (2a), o fato é objeto de um pedido; e, em (2b), o fato é o objeto de uma pergunta. Frege nomeou de *conteúdo* aquilo que as sentenças têm em comum; e nomeou de *força* aquilo que cada sentença exprime, ou seja, a sua característica assertiva, imperativa ou interrogativa. As condições de verdade podem ser aplicadas na caracterização do conteúdo da sentença. Daí para frente, podemos tentar caracterizar a semântica dos diversos tipos de sentenças, ou seja, as forças características de cada sentença.

Os atos de fala

Vamos assumir que o uso central da linguagem é a descrição dos estados de coisas e a troca de informações sobre esses estados. Entretanto, vamos assumir também que, além desse tipo de uso, podemos imaginar que há uma série de outras ações que podemos realizar quando empregamos, a esses conteúdos assertivos, determinadas forças: ordenamos, pedimos, interrogamos etc. Baseado nesse fato, Austin (1962) propõe que o ato comunicativo pode se apresentar em vários níveis, sendo os mais relevantes: o ato locutivo, o ato ilocutivo e o ato perlocutivo.[2] O ato locutivo resume-se no ato de proferir uma sentença com certo significado e um conteúdo informacional, ou seja, o sentido restrito da sentença, a descrição dos estados de coisas. O ato ilocutivo é a intenção do proferimento do falante, ou seja, as ações que realizamos quando falamos: ordenamos, perguntamos, avisamos etc. E o ato perlocutivo são os efeitos obtidos pelo ato ilocutivo, ou seja, o resultado que conseguimos com nosso ato de fala: assustamos, convencemos, desagradamos etc. Por exemplo, meu filho não quer fazer o dever e eu digo: "Vou desligar o videogame".[3] O ato locutivo é o proferimento da sentença *Vou desligar o videogame*. Entretanto, posso ter pronunciado a sentença com a intenção de ameaçar: esse é o ato ilocutivo. Inteiramente distinto de ambos os atos é o ato perlocutivo: o comportamento subsequente que pretendo que meu filho tenha, ou seja, que se sinta ameaçado e vá fazer o dever. A distinção entre os atos ilocutivo e perlocutivo é importante: o ato perlocutivo é o efeito que o falante espera conseguir sobre o ouvinte ao pronunciar tal proferimento. Por isso, o ato perlocutivo não é, geralmente, considerado relevante para o estudo do significado linguístico[4] e não será focalizado neste livro. Em relação aos outros dois níveis, é importante realçar que não podemos pensar que os atos ilocutivos são consequências dos atos locutivos. A sentença *Vou desligar o videogame*, sozinha, não constitui uma ameaça. Já quando uso a sentença, a força empregada no ato de proferi-la atribui a ela uma força ilocutiva particular (pode ser, ou não, uma ameaça). Kempson (1977: 59) distingue essas três análises da seguinte maneira: um falante profere sentenças com um determinado significado (ato locutivo) e com uma determinada força (ato ilocutivo), para atingir determinado efeito sobre o ouvinte (ato perlocutivo).

No exemplo anterior, a força ilocutiva estava implícita no proferimento, mas não fazia parte do ato locutivo. Entretanto, existem casos em que a força ilocutiva está explícita no próprio ato locutivo, recebendo o nome de proferimento performativo; nesse tipo de proferimento, as forças locutiva e ilocutiva parecem coincidir:

(3) Prometo-lhe que não chegarei atrasada.
(4) Ordeno que você saia daqui.
(5) Concordo que você participe do grupo.

Em relação a esses tipos de proferimentos, Austin (1962) afirma não haver sentido em considerá-los verdadeiros ou falsos, pois não constituem descrições, mas, sim, ações. Entretanto, veja que podemos ter proferimentos com os mesmos verbos, mas que constituem apenas descrições de situações:

(6) Ela prometeu que não chegaria atrasada.
(7) Ele ordenou que ela saísse de lá.
(8) Ela concordou que você participasse do grupo.

Essas sentenças não podem ser entendidas como ações de promessa, de aposta ou de concordância, mas como descrições de algumas situações, e, portanto, podemos dizer algo sobre a verdade ou a falsidade das sentenças. Em realidade, o que acontece é que existem verbos específicos dos proferimentos performativos; entretanto, só quando usados afirmativamente, na 1ª pessoa do presente simples, é que dão origem a sentenças performativas. Exemplos desses verbos são:

(9) a. Eu te *desculpo* por tudo.
 b. Eu te *autorizo* a fazer a prova depois.
 c. Nós te *condenamos* por todos os seus atos.
 d. Eu te *nomeio* meu procurador.

Apesar de a maioria das sentenças performativas ocorrer na 1ª pessoa do presente simples, singular ou plural, existem algumas exceções, com verbos na 3ª pessoa do presente simples. Por exemplo:

(10) a. Você está proibido de entrar aqui.
 b. Os passageiros do voo para Paris estão proibidos de entrar no país.

Um interessante teste para verificar se uma sentença é performativa seria acrescentar a expressão *por meio deste...* e ver se a sentença tem aceitabilidade:

(11) a. Por meio destas palavras, eu te *desculpo* por tudo.
 b. Por meio destas palavras, eu te *autorizo* a fazer a prova depois.
 c. Nós te *condenamos* por todos os seus atos, por meio destas palavras.
 d. Por meio deste instrumento, eu te *nomeio* meu procurador.
 e. Por meio deste ato, você está proibido de entrar aqui.

Caso não seja performativa, a sentença parecerá estranha:

(12) a. *Por meio destas palavras, eu canto.
 b. *Por meio destas palavras, eu acredito em Deus.
 c. *Por meio destas palavras, ele avisou para ela que sairia.

Condições de felicidade

Embora os proferimentos performativos não possam ser avaliados pelo seu valor de verdade, ou seja, se são verdadeiros ou falsos, eles podem ser avaliados pela sua adequação ao contexto. Austin (1962) nomeia essa adequação contextual de condições de felicidade.[5] As condições de felicidade de um proferimento performativo são as condições que o contexto deve satisfazer para que o uso de uma determinada expressão possa ser feliz, ou seja, possa ser adequado. Por exemplo, o presidente da assembleia entra na sala de reuniões e profere:

(13) Eu declaro que a sessão está aberta!

Essa sentença tem as condições de felicidade exigidas para ser um proferimento aceitável e vai desencadear o processo de abertura da sessão. Entretanto, se um vigia entra no mesmo ambiente e diz a sentença (13), ela não preenche as condições de felicidade e a ação estabelecida pelo proferimento não se desencadeará. Portanto, de uma maneira geral, podemos estabelecer que uma das condições de felicidade de um ato ilocutivo de ordenar é que o falante deva ser um superior ou uma autoridade em relação ao ouvinte. Uma das condições de felicidade de um ato ilocutivo de acusar é que o acusado esteja errado sob algum ponto de vista. E assim por diante. Além disso, existem condições padronizadas para que a comunicação seja bem-sucedida, tais como os falantes falarem a mesma língua, os falantes partilharem das mesmas informações sobre o contexto social e outras. Por exemplo, se as pessoas envolvidas no exemplo (13) não souberem nada sobre como funcionam assembleias, o proferimento da sentença *Eu declaro que a sessão está aberta* não terá as condições de felicidade satisfeitas e o resultado que se espera não se efetivará. Por isso, é necessário preencher todas as condições adequadas para determinado uso, a fim de que o proferimento seja considerado bem-sucedido e adequado.[6]

Até este ponto da explicação sobre os atos de fala, relacionamos os atos ilocutivos a proferimentos. Portanto, a análise de Austin e de outros filósofos posteriores é uma explicação dos atos de fala dos proferimentos, não tendo a pretensão de ser uma explicação dos significados de sentenças. Entretanto, vale ressaltar que alguns linguistas, seguindo a direção da análise de Austin, voltaram-se para os atos de fala como uma solução para os problemas relacionados ao significado. Por exemplo, Fillmore (1971) sugere que seria mais útil falar de condições para uso adequado de sentenças e de palavras do que falar, de uma maneira sempre vaga, do significado de sentenças e de palavras. Tomemos a palavra *acusar*: em vez de falar o que essa palavra significa, pode-se estabelecer que essa palavra tem como condições para o seu uso adequado o fato de que o acusador assuma que o acusado é responsável por algum ato e que esse ato seja uma ação não desejável, má. Porém, uma proposta dessa natureza deixa de caracterizar o significado da maneira dual como o estamos caracterizando (ou seja, o significado mais abrangente como sendo a soma de aspectos estritamente semânticos e de aspectos estritamente pragmáticos), eliminando a dicotomia competência e desempenho, proposta por Chomsky.

Exercícios

1. Explicite os possíveis atos envolvidos nas sentenças:
    1) Desculpe-me, você está no meu caminho.
    2) Por favor, passe-me o sal.
    3) Eu te imploro perdão.
    4) Cuidado, tem um buraco no caminho.
    5) Eu vou apagar seu nome da lista.

II. Quais verbos abaixo apresentam usos tipicamente performativos e por quê?
1) garantir
2) preocupar
3) indicar
4) desculpar
5) saber
6) esquecer
7) avisar
8) concordar
9) desejar
10) discordar

III. Dê as condições de felicidade para cada ato ilocutivo a seguir:
1) o ato ilocutivo de prometer
2) o ato ilocutivo de desculpar
3) o ato ilocutivo de saudar
4) o ato ilocutivo de nomear
5) o ato ilocutivo de protestar

Implicaturas conversacionais

Inferências

Vimos, no capítulo "Implicações", as noções de acarretamento e de pressuposição semântica, que são inferências (ou implicações) ligadas ao conteúdo semântico. Veremos, agora, as inferências relacionadas ao discurso, ao uso da língua. As inferências conversacionais são feitas a partir do contexto. O ouvinte participa ativamente na construção do significado do que ouve, preenchendo lacunas que o falante deixa em seu discurso. Um primeiro exemplo a ser analisado são as inferências em que o falante recupera uma relação anafórica[7] existente entre sentenças, ou seja, o falante identifica elementos de sentenças que se referem a uma mesma entidade no mundo:

(14) O João caiu em uma escada ontem. A escada estava escorregando muito.
(15) Eu vi o seu irmão esta manhã. O malandro nem me reconheceu.

Em (14), o ouvinte recupera que a escada é a mesma nas duas sentenças, e, em (15), associa o irmão ao malandro. Façamos uma suposição de como pode se dar esse processo de preenchimento de informação não fornecida pelo falante. Em (14), por exemplo, como a primeira sentença faz referência a uma escada qualquer e, na segunda sentença, o artigo definido *a* retoma o nome *escada* como algo já falado anteriormente, o ouvinte infere que a escada da segunda sentença só pode se referir à mesma escada da primeira sentença. Em (15), a primeira sentença faz referência a *seu irmão* e a segunda faz referência a *o malandro*. Como o único referente da primeira sentença possível de ser associado a *malandro* é *o seu irmão* (dificilmente associaríamos *malandro* a *eu*), a maneira mais simples de analisar as duas sentenças em um único contexto é entender que *o malandro* tem o mesmo referente que *seu irmão*. Essas seriam possíveis operações de interpretação feitas por ouvintes das sentenças (14) e (15).

Outro exemplo é a interpretação anafórica entre muitas sentenças. Em (16), o ouvinte infere que *isso* só pode estar se referindo a todas as ocorrências ditas anteriormente:

(16) O avião chegou tarde, o hotel não tinha lugar, os restaurantes estavam todos cheios. Acho que isso realmente desapontou a Maria em sua viagem.

Outro tipo de inferência, apontada por Clark (1977), é aquela em que o ouvinte constrói "pontes" para que o discurso tenha coerência, a partir do seu conhecimento do mundo:

(17) A professora entrou na sala. Os alunos já estavam todos lá.
(18) O João saiu para um passeio. A noite estava linda.

Pode-se dizer que a interpretação dessas sentenças também se dá por um processo anafórico. Por exemplo, em (17), o ouvinte, tendo conhecimento sobre salas de aula, faz a ponte entre professora, sala e alunos e interpreta o *lá* como sendo a sala em que a professora entrou. Em (18), temos que fazer a ligação anafórica com um elemento implícito da sentença anterior. Se as duas sentenças estão justapostas e a segunda sentença não explicita nenhum contexto específico, o ouvinte faz a ponte entre passeio e noite, inferindo que o passeio do João deve ter sido naquela noite linda. O falante usa um processo econômico, apostando que o ouvinte preencherá as informações não explícitas nas sentenças, mas facilmente inferidas, se os interlocutores partilham do mesmo conhecimento de mundo.

Os tipos de inferência seguintes são exemplos em que, sabendo que o ouvinte vai preencher as lacunas deixadas pela sua informação, o falante se sente livre para simplesmente sugerir a ideia, em vez de dizê-la literalmente, ou seja, o falante confia nas inferências do ouvinte:

(19) a. Você deu o dinheiro para a Maria?
    b. Eu estou esperando ela chegar.
Informação não dada por (B) que deve ser inferida por (A): (B) não deu o dinheiro.

(20) a. Você leu o texto para o seminário?
b. Eu pretendo.
Informação não dada por (B) que deve ser inferida por (A): (B) não leu o texto.

Esse último tipo de inferência é chamado de implicatura conversacional, tema tratado extensamente por Grice (1975, 1978). O autor propõe que existe um princípio cooperativo regendo as implicaturas conversacionais, um tipo de entendimento tácito entre os falantes que estabelece uma cooperação na comunicação entre as pessoas. Vejamos, então, mais especificamente esse tipo de inferência.

Implicatura conversacional

Grice (1975, 1978) afirma que as implicaturas conversacionais podem ser previstas por um princípio de cooperação entre os falantes. Esse princípio tem regras que explicitam o acordo mútuo existente entre os participantes de uma conversação. É importante realçar que esse princípio não pode ser tomado de uma maneira muito ampla, comparando-o a regras fonológicas, morfológicas, sintáticas ou mesmo a princípios morais. Também, não deve ser associado a uma linguagem ideal, utópica, em que todos nos entendemos de uma maneira racional e cooperativa. Ao contrário, devemos assumir que esse princípio é aplicado em um micronível, em situações de comunicação bem específicas. É esse acordo subjacente de comunicação linguística que Grice identifica como sendo a cooperação entre falantes e ouvintes. Para o autor, os participantes de uma conversação sempre serão cooperativos no sentido de que a sua contribuição para aquela conversação seja adequada aos objetivos desta. Trata-se de um princípio bastante simples e que pode ser entendido como um princípio de economia ou de menor esforço do ato comunicativo. A realização linguística desse princípio é traduzida, por Grice, em uma série de normas ou máximas, identificadas pelo autor da seguinte maneira:

Máximas de Grice (adaptado de Saeed, 1997: 193):

a) Máxima de qualidade: tente fazer da sua contribuição uma verdade, ou seja, não diga o que você acredita que seja falso, ou não diga nada de que você não tenha evidências adequadas.
b) Máxima de quantidade: faça a sua contribuição tão informativa quanto necessário para o objetivo da comunicação, nem mais nem menos informativa.
c) Máxima de relevância: faça com que suas contribuições sejam relevantes.
d) Máxima de modo: seja claro e, especificamente, evite ambiguidades, evite obscuridades, seja breve e seja ordenado.

Essas máximas podem ser entendidas de uma maneira geral como: o falante falará a verdade, tentará fazer uma estimativa do que o ouvinte sabe e tentará falar algo de acordo com o conhecimento do ouvinte; o falante tem alguma ideia do assunto em questão e entende que seu ouvinte é capaz de entendê-lo. Às vezes, alguns desses parâmetros não são respeitados, e o falante pode ter consciência disso ou não. Entretanto, eles são um tipo de guia de orientação que servirá como base para a comunicação. É realmente difícil imaginar a comunicação sem que essas máximas estejam presentes. Veja, por exemplo, que se não respeitássemos a máxima da relevância, os diálogos seriam uma sucessão de falas desconexas, do tipo:

(21) A: Você já almoçou?
B: Realmente eu vendo carros.

Portanto, parece ser verdadeira a afirmação de que nossa comunicação é regida por alguns princípios cooperativos, como as máximas de Grice.

Vejamos alguns exemplos de como essas máximas ajudam o ouvinte a chegar a algumas inferências. Um primeiro exemplo envolve a máxima de qualidade (tente fazer da sua contribuição uma verdade). Quando alguém profere os seguintes enunciados, ele está fazendo as seguintes implicaturas também:

(22) João é engenheiro civil e engenheiro mecânico.
(+>: Eu acredito que ele é engenheiro civil e mecânico e tenho evidências adequadas disso)[8]
(23) Você estuda na Faculdade de Letras?
(+>: Eu não sei se estuda e quero saber isso)

Em circunstâncias cooperativas, quando alguém afirma algo, isso implica que acredita nessa afirmação; quando alguém pergunta algo, implica que deseja sinceramente uma resposta. Por isso, sentenças do tipo a seguir são consideradas pragmaticamente anômalas, pois contradizem a máxima da qualidade:

(24) João é engenheiro civil e engenheiro mecânico, mas eu não acredito que ele seja.

Vejamos agora exemplos envolvendo a máxima de quantidade (faça a sua contribuição tão informativa quanto necessário para o objetivo da comunicação):

(25) A: Você fez todos os exercícios pedidos?
B: Eu fiz alguns.
(+>: B não fez todos os exercícios)

(26) A: Você foi à festa ontem à noite?
B: Eu tive a intenção.
(+>: B não foi à festa)

Veja que, em (25), o falante poderia ter feito todos os exercícios, pois quem fez todos fez alguns. Entretanto, observando-se a máxima da quantidade, inferimos que B não diria *Eu fiz alguns* se ele tivesse feito todos os exercícios. O mesmo ocorre em (26). O falante B pode ter tido a intenção e depois ter ido efetivamente à festa. Mas se assumirmos haver uma máxima de quantidade que rege a comunicação, o falante B não passaria a informação desnecessária *Eu tive a intenção* se ele tivesse realmente ido à festa.

Outro exemplo seria a máxima da relevância (faça com que suas contribuições sejam relevantes):

(27) A: Você vai à festa hoje à noite?
B: Puxa! Estou com uma gripe de matar.
(+>: B não vai à festa)

Para analisar o exemplo (27), tomamos como ponto de partida que A acredita que a informação de B é relevante para a resposta de sua pergunta e pode inferir que a resposta é negativa. Se o falante não acreditar na relevância de B, ele não terá como associar as duas sentenças em um diálogo coerente. A implicatura apresentada em (27) é resultado do contexto específico apresentado, e de nenhum outro; não existe garantia de que a sentença *Puxa! Estou com uma gripe de matar* seja interpretada como *não* em outro contexto. Vejamos outro exemplo:

(28) A: Vocês fizeram os exercícios pedidos?
B: Puxa, está um sol terrível lá fora.
(+>: os falantes de B não fizeram os exercícios)

Sabemos que a resposta de B é totalmente inadequada à pergunta de A. Portanto, quem escuta um diálogo desses tem duas opções: ou imagina que o falante B não está conectado ao seu interlocutor; ou assume a máxima da relevância, imaginando que a resposta de B é relevante de alguma maneira para a resposta de A e faz algum tipo de implicatura: por exemplo, eles não fizeram os exercícios e estão desviando a conversa.

Finalmente, vejamos exemplos envolvendo a máxima de modo (seja claro, evite ambiguidades, evite obscuridade, seja breve e seja ordenado). Essa máxima pode se refletir em sentenças em que há muitas informações específicas. Sempre que escolho uma expressão mais complexa ao invés de uma paráfrase mais simples, tenho em mente orientar meu interlocutor que as passagens daquele processo são importantes e relevantes, sendo esta a implicatura de expressões mais detalhadas. Veja os exemplos:

(29) a. Abra o cofre.
b. Para abrir o cofre, vire a maçaneta duas vezes para a esquerda, dê um pequeno toque na porta e depois ele abre automaticamente.

Se em vez de (29a), eu uso (29b), é devido à minha intenção de comunicar ao meu interlocutor que o cofre não se abre simplesmente; é necessária uma série de passagens importantes. Outro exemplo em que seguimos a máxima de modo (seja ordenado) é em sentenças com *e*:

(30) a. Eu entrei no carro e dirigi.
b. ?? Eu dirigi e entrei no carro.

A máxima de modo nos faz inferir que a ordem em (30a) é relevante e sentenças como (30b) são anômalas.

Violação das máximas

A interpretação dessas implicaturas segue, em geral, as máximas conversacionais. Espera-se, por exemplo, que a pessoa com quem conversamos esteja falando a verdade. Não nos baseamos, *a priori*, na falsidade das sentenças. Entretanto, fica claro que esses princípios cooperativos divergem dos princípios linguísticos no sentido de que eles podem ser e são violados frequentemente: muitas mentiras são ditas, as conversações são desviadas subitamente do seu curso por respostas desconexas, e quem nunca conversou com alguém que dá muito mais informações do que as necessárias? O que ocorre é que essas normas podem ser violadas de forma deliberada, de modo que o falante sabe e reconhece que a máxima foi desconsiderada de uma maneira intencional. E, para lidar com esses desvios dos princípios cooperativos, o ouvinte tem duas alternativas. A primeira é alertar seu interlocutor de que ele está se desviando do que se esperaria da cooperação mútua para se efetivar uma comunicação, ou seja, que ele está desobedecendo às máximas, dizendo: "Você é um mentiroso", ou "Isso é irrelevante", ou "Você está dando mais informações que as necessárias". Ou o ouvinte pode escolher uma segunda alternativa, que quase sempre é a preferida: supõe que o falante está observando o princípio cooperativo e, como o está violando, ele quer transmitir alguma informação extra que está de acordo com o princípio; além do mais, o ouvinte supõe que o falante sabe que ele, ouvinte, pode entender essa informação extra. Vejamos um exemplo do próprio Grice. Um professor, a quem pediram referências de um ex-aluno que se candidatara a um cargo de professor de Filosofia, responde da seguinte maneira:

(31) "Prezado senhor, o domínio que o Paulo tem da língua portuguesa é excelente, e ele sempre compareceu regularmente às aulas."

O professor está violando as máximas de quantidade e de relevância. Ou seja, o professor não deu as informações necessárias e também forneceu informações que não eram relevantes para a pergunta em questão. A pessoa que recebeu essa carta como resposta certamente inferiu que, se o professor está violando as máximas do princípio cooperativo, ele deve estar querendo transmitir alguma informação não explícita na carta: a informação de que o Paulo não é adequado para o cargo. Quando o destinatário dessa carta formula essa implicação, a carta deixa de violar o princípio da cooperação, pois é exatamente a implicação que está contida na carta que é a verdadeira mensagem do professor. Segundo Kempson (1977:76):

> Essas implicaturas conversacionais são suposições acima do significado da sentença usada, que o falante conhece e pretende que o ouvinte compreenda, frente a uma violação aparentemente clara do princípio cooperativo, para interpretar a sentença do falante de acordo com esse mesmo princípio.

Vejamos alguns exemplos de quando as máximas são violadas, primeiramente observando a máxima de qualidade:

(32) A: Será que a Europa terá mais futuro que o Brasil?
B: Que isso! O Brasil, na área social, já é um avanço!

Qualquer participante de uma conversação, razoavelmente informado, saberá que a informação de B é completamente falsa e, portanto, B não está tentando enganar A. A única maneira de mantermos a suposição de que B está cooperando com A é interpretarmos que B está querendo dizer algo completamente diferente daquilo. Todas as respostas irônicas são interpretadas com base na infração da máxima de qualidade.

Observação parecida pode ser feita a partir de construções de metáforas. Por exemplo, se digo (33), há uma violação das restrições selecionais dos itens lexicais envolvidos e, se estou sendo cooperativo, a única maneira de meu interlocutor entender o que quero comunicar é tentar mudas as restrições selecionais dos itens envolvidos até chegar a uma interpretação adequada:

(33) Esse carro bebe gasolina!

Essa pode ser uma boa explicação para a compreensão das metáforas. Outra forma de infringirmos a máxima de qualidade é a enunciação de falsidades evidentes:

(34) A: O Brasil é cheio de cobras nas ruas, não é?
B: É, assim como os russos comem criancinhas.

B serve para mostrar que a afirmação de A está absolutamente incorreta. Também perguntas retóricas têm a capacidade de implicar algo contrário ao que está sendo dito:

(35) O Paulo ia ser modesto? (em uma situação que os falantes sabem que o Paulo não é absolutamente modesto)

A interpretação de (35) será que, absolutamente, o Paulo não é modesto.
Vejamos agora como a máxima de quantidade pode ser infringida. Um exemplo refere-se a tautologias. Tautologias são sentenças que, semanticamente, não trazem nenhuma informação. Entretanto, elas são usadas nos diálogos para passarem informações:

(36) Criança é criança.
(37) Se ele faz, ele faz!

Para se preservar o princípio de cooperação, alguma informação é retirada desses enunciados.

A exploração da máxima de relevância é um pouco mais difícil de encontrar, segundo observa Grice, pois é difícil construir respostas que precisem ser interpretadas como irrelevantes. Os exemplos dados são:

(38) A. Eu acho que a senhora Silva é uma velha tagarela!
B. Está calor aqui, hein?

B pode estar querendo simplesmente desviar o assunto, pois o filho da senhora Silva pode estar bem atrás dela.

Para ilustrar a exploração da máxima de modo, usarei um exemplo bem típico:

(39) a. A orquestra tocou uma peça de Bach.
b. A orquestra reproduziu sons que seguiam exatamente a partitura da peça de Bach.

Se proferirmos (39b), em vez de (39a), infringindo a submáxima de modo *seja breve*, estou implicando, na verdade, que há uma enorme diferença entre seguir uma partitura e, realmente, tocar.

Características das implicaturas

As implicaturas conversacionais apresentam certas características bem típicas desse fenômeno pragmático. Veja quais são:
1) Dependem de assumirmos que existe um princípio cooperativo e suas máximas.
2) Não são convencionais, pois não fazem parte do significado dos itens lexicais.
3) Um proferimento pode ter mais de uma implicatura. Por exemplo:

(40) A: Esqueci minha caneta lá em cima!
B: Eu pego para você.
C: Puxa! Que pena!

Veja que o falante B pode ter interpretado que A fez um pedido, e C pode ter interpretado que A fez apenas uma constatação.

4) A compreensão de uma implicatura dependerá das suposições sobre o mundo que o falante e o ouvinte têm em comum.
5) As implicaturas sempre têm uma natureza cancelável, ou seja, se adicionarmos outras informações, poderemos cancelar a implicatura sem que sejamos contraditórios. Por exemplo, retomemos o exemplo (27) em (41):

(41) A: Você vai à festa hoje à noite?
B: Puxa! Estou com uma gripe de matar.
A: Então você não vai?
B: Não! Eu vou assim mesmo.

Com a informação adicional de B, cancelamos a implicatura inicial de que o falante B não iria à festa.

Para concluir, podemos perceber que os atos de fala de Austin se fundem naturalmente com a teoria de Grice sobre a comunicação: para os dois autores, a força ilocutiva de um proferimento e as implicaturas que um proferimento possa ter dependem de suposições partilhadas entre o ouvinte e o falante. Como consequência, temos que a força ilocutiva de um proferimento pode ser considerada como parte da mensagem implicada. Vejamos um exemplo dado por Kempson (1977) para ilustrar essa afirmação. Alguém que profira a sentença *O João estará na festa hoje à noite*, sabendo que a ouvinte se separou do João recentemente, de maneira não amigável, e levando-se em conta que a relevância da comunicação está sendo mantida, está pretendendo fazer uma advertência à ouvinte, esperando que ela entenda essa advertência: "Não vá à festa hoje à noite". Ou seja, o ato ilocutivo empregado à sentença é de advertência. Entretanto, essa advertência só pode ser entendida a partir das possíveis implicaturas que a sentença *O João estará na festa hoje à noite* possa ter se for proferida com base nas máximas da cooperação. Como em todos os casos, devemos pensar que essa é uma análise possível, mas não a única possível, ou seja, podem existir para o mesmo proferimento outras forças ilocutivas e outras implicaturas possíveis.

Ambiguidade das implicaturas

As implicaturas também podem apresentar certo grau de ambiguidade, característica bastante comum em sentenças descritivas. Alguns autores, como Ilari e Geraldi (1987), falam de ambiguidades situacionais. Veja o exemplo:

(42) Eu não posso nem falar de chocolate.

Em (42), parece pouco provável que o ouvinte entenda a sentença em seu sentido literal, ou seja, *Eu estou proibida de falar de chocolate*. Se o ouvinte souber, como um fato dado, que eu sou perfeitamente capaz de falar de chocolate, ele seguirá a máxima da qualidade, pensando que eu não estou mentindo, e seguirá a máxima da relevância, pensando que, se eu não estou mentindo, eu devo estar querendo passar algum tipo de informação; com isso ele vai tentar inferir da sentença algum tipo de significado. Normalmente, apesar de ser possível mais de um tipo de implicatura para uma sentença, existe uma interpretação preferível, ou mais previsível. Por exemplo, no exemplo de Grice do professor, em (31), parece-me que a maioria dos falantes interpretaria que o professor não queria recomendar o aluno (apesar de não ser a única interpretação possível). Entretanto, existem sentenças em que a interpretação previsível é ambígua, ou seja, existe mais de uma possibilidade, igualmente preferida. É o que ocorre com o exemplo em (42). Acredito que os falantes do português brasileiro hesitarão em afirmar qual é a interpretação mais previsível para (42) entre as sentenças a seguir:

(43) Eu gosto tanto de chocolate que só de falar eu quero comer.
(44) Eu detesto chocolate que só de falar eu passo mal.

Para poder interpretar (42), escolhendo entre as possíveis implicaturas que possam decorrer dessa sentença, o ouvinte tem que se valer de indícios de várias ordens, como gestos, entonação, expressões faciais etc. Por isso, assume-se que esse tipo particular de ambiguidade tem um fundamento situacional, e não linguístico.

Exercícios

I. Explique como se dá o processo de inferência entre as sentenças seguintes:
   1) Peguei aquela avenida às 6 horas da tarde. O tráfico estava simplesmente impossível.
   2) Acordei tarde, dormi mal, saí de casa atrasada. Tudo isso me fez começar o dia com o pé esquerdo.
   3) Eu comprei um filhote de pastor-alemão. O filhote rói tudo pela frente.

II. Baseado na noção de implicatura de Grice, dê, para os diálogos seguintes, as possíveis implicaturas. Explique quais são as máximas envolvidas:
   1) A. Você vem jantar aqui em casa hoje?
      B. Minha mãe vem me visitar.
   2) A. Você imprimiu todas as folhas?
      B. Imprimi algumas.
   3) A. Eu estudei e casei.
   4) A. Quem quebrou este vidro?
      B. Eu não tinha a intenção.
   5) A. Eu sou formada em Letras.

III. Diga qual a máxima está sendo infringida e a implicatura decorrente do diálogo:
1) A. Seu cachorro morde?
   B. Não.
   (E o cachorro morde B; B, indignado, pergunta:)
   B. Mas você não falou que seu cachorro não mordia?
   A. E não morde mesmo, só que esse não é meu cachorro.
2) A. Aonde você vai com o cachorro?
   B. Vou ao V-E-T-E-R-I-N-A-R-I-O.
3) A. Essa mulher é feita de ferro.
4) A. O que você pensa sobre isso?
   B. Guerra é guerra.
5) A. Ela cantou a ária de Bach?
   B. Bem, ela fez as mesmas notas que estavam na partitura.

IV. Relatarei a seguir um fato anedótico, extraído de Saeed (1997: 201). Comente o comportamento dos envolvidos, em termos das máximas de Grice:

> Um dia, um vendedor encontrou um menino sentado na escada da frente de uma casa. Ele perguntou ao menino: "Sua mãe está em casa?". "Sim", respondeu o menino. Então o vendedor tocou a campainha várias vezes, bateu na porta e chamou por alguém. Ninguém respondeu. O vendedor, então, se dirigiu ao menino, dizendo: "Eu pensei que você tivesse dito que sua mãe estava em casa!". "Ela está", retrucou o menino, "Só que esta não é a nossa casa".

V. Dê exemplos de outras ambiguidades situacionais, explicando-as.

Indicações bibliográficas

Em português: Chierchia (2003, cap. 5), Ilari e Geraldi (1987, cap. 5) e Levinson (2007, caps. 3 e 5).
Em inglês: Saeed (1997, caps. 7 e 8), Chierchia e McConnell-Ginet (1990, cap. 4), Yule (1996, caps. 5 e 6), Hurford e Heasley (1983, cap. 6), Kempson (1977, caps. 4 e 5).

Notas

[1] Acredito que as abordagens mentalistas não tenham nada a dizer sobre essa divisão e nem é esse o objeto de suas investigações.
[2] Encontram-se, também, as terminologias *locutório*, *ilocutório* e *perlocutório*. Sigo, aqui, a terminologia usada por Pagani, Negri e Ilari, na tradução de Chierchia (2003).
[3] A utilização de aspas duplas indica o proferimento da sentença, ou seja, a ação realizada, o uso da sentença; a utilização do itálico indica a sentença enquanto entidade linguística, ou seja, a menção da sentença.
[4] Para uma concepção contrária, ver Grice (1957 e 1975).
[5] Essas condições também foram chamadas de condições de adequação e de condições ideais. Usarei, aqui, o termo mais comumente empregado na literatura: condições de felicidade.
[6] Searle desenvolve a noção de condições de felicidade de Austin, subclassificando-as em: condições preparatórias, proposicionais, de sinceridade e essenciais. Para detalhes sobre a proposta, ver Searle (1969, cap. 3).
[7] Como lembrete, uma relação anafórica consiste em identificar objetos, pessoas, momentos, lugares e ações através de uma referência a outros objetos, pessoas etc., anteriormente mencionados no discurso ou na sentença.
[8] O símbolo +> significa que "a enunciação da sentença anterior geralmente produzirá a seguinte implicatura".

Respostas dos exercícios

A investigação do significado

Exercícios

I. A compreensão do significado envolve o conhecimento semântico e o conhecimento pragmático. O conhecimento semântico lida com os aspectos da interpretação que permanecem constantes quando uma palavra ou sentença é proferida, ou seja, limita-se ao sistema linguístico. O conhecimento pragmático, por sua vez, tem relação com os usos situados da língua e considera, para tanto, os efeitos intencionais no discurso. Por exemplo, a sentença *O forno está ligado*, sob a perspectiva de uma interpretação semântica, constitui uma declaração sobre a condição física do eletrodoméstico: *estar ligado*. Se situarmos a mesma sentença em um contexto no qual uma mãe se dirige a um filho pequeno que acaba de entrar na cozinha, temos um aspecto de significado que ultrapassa o anterior e se situa no âmbito da Pragmática: *Cuidado com o forno, ele está quente!*

II. A noção de *menção*, que alude ao significado linguístico de uma palavra ou sentença, é o objeto de estudo da Semântica; e a noção de *uso*, que leva em consideração a forma como o falante emprega determinada palavra ou sentença, é o objeto de estudo da Pragmática. No exercício anterior, para ilustrar o conhecimento semântico, mencionei a sentença *O forno está ligado*, que é uma expressão da língua portuguesa – *língua-objeto* – e usei a própria língua – *metalinguagem* – para descrever o significado. A sentença foi isolada de contexto e apresentou um significado invariável. Para explicarmos o conhecimento pragmático da mesma sentença, no entanto, foi necessário inseri-la em uma situação de discurso, pois o significado, nesse caso, depende do contexto e varia de acordo com o uso da língua.

III. 1) A composicionalidade e a expressividade linguística: uma teoria semântica deve atribuir significado(s) a cada palavra e às sentenças das línguas, estabelecer a natureza exata da relação entre o significado das palavras e o significado das sentenças e enunciar de que modo essa relação depende da ordem das palavras ou de outros aspectos da estrutura gramatical da sentença.

2) As propriedades semânticas: uma teoria semântica deve caracterizar e explicar as relações sistemáticas entre palavras e entre sentenças de uma língua, uma vez que tal noção faz parte da competência linguística dos falantes. Por exemplo, deve fazer parte de uma teoria semântica abordar as noções de implicações, sinonímias, contradições, ambiguidades, anomalias etc.

3) A referencialidade e a representação: uma teoria semântica deve abordar questões relativas à natureza do significado. Segundo uma abordagem referencial, o estudo do significado diz respeito à ligação entre as expressões linguísticas e o mundo. Já para uma abordagem representacional do significado, devemos levar em conta a ligação entre a linguagem e os construtos mentais que, de alguma maneira, representam ou codificam o conhecimento semântico do falante. Uma terceira postura seria adotar as duas naturezas como sendo complementares para a explicação do significado.

Implicações

Exercícios – Hiponímia, hiperonímia e acarretamento

I.
1) homem → +animado
   +bípede
   +racional
   +mamífero
   Há relação de hiponímia, porque o sentido de ser animado (assim como bípede, racional, mamífero) está contido no sentido de homem.
2) gente → +criança
   Aqui não se verifica a relação de hiponímia, porque nem toda gente é uma criança, ou seja, o sentido de criança não está contido na palavra gente.
3) onça → +mamífero
   +quadrúpede
   +carnívoro
   +felino
   Há relação de hiponímia, porque o sentido de mamífero (assim como quadrúpede, carnívoro, felino) está contido no sentido de onça.
4) liquidificador → +eletrodoméstico
   +triturador
   Há relação de hiponímia, porque o sentido de eletrodoméstico (assim como triturador) está contido no sentido de liquidificador.
5) vegetal → +árvore
   Aqui não se verifica a relação de hiponímia, porque nem todo vegetal é uma árvore, ou seja, o sentido de árvore não está contido na palavra vegetal.

II.
1) Homem é o hipônimo, pois é o mais específico; animado é o hiperônimo, pois é o mais geral.

2) Gente é o hiperônimo, pois é o mais geral; criança é o hipônimo, pois é o mais específico.
3) Onça é o hipônimo, pois é o mais específico; mamífero é o hiperônimo, pois é o mais geral.
4) Liquidificador é o hipônimo, pois é o mais específico; eletrodoméstico é o hiperônimo, pois é o mais geral.
5) Vegetal é o hiperônimo, pois é o mais geral; árvore é hipônimo, pois é o mais específico.

III.
1) A sentença (a) acarreta a sentença (b), porque, se (a) é verdade, (b) é verdade.
2) A sentença (a) acarreta a sentença (b), pois a sentença (¬b) (o símbolo ¬ significa a negação) é contraditória à sentença (a). É contraditório dizer que o João fez todos os exercícios, mas o João não fez alguns exercícios (esse exemplo apresenta uma implicatura conversacional – máxima de quantidade –, mas não um acarretamento).
3) A sentença (a) acarreta a sentença (b), porque a informação de (b) está contida em (a).
4) A sentença (a) não acarreta a sentença (b), pois a sentença (¬b) não é contraditória à sentença (a). É perfeitamente possível dizermos que o João pensa que os porcos não têm asas, mas os porcos têm asas (o que está em jogo aqui não é a verdade no mundo real, mas a relação de verdade entre as sentenças).
5) A sentença (a) não acarreta a sentença (b), porque a sentença (¬b) não é contraditória à (a). É perfeitamente possível dizer que o Oscar e o José são ricos, mas que o José não é rico; somente os dois juntos são ricos. Isso se deve ao fato de (5a) ser uma sentença ambígua, ou seja, gera duas possibilidades de interpretação: o Oscar e o José são ricos separadamente ou apenas em conjunto.
6) A sentença (a) acarreta a sentença (b), porque a informação de (b) está contida em (a). Aqui a sentença (6a) não é ambígua; não existe a possibilidade de os dois juntos serem de meia-idade.
7) A sentença (a) não acarreta a sentença (b), porque, se (a) é verdade, (b) não é verdade.
8) A sentença (a) acarreta a sentença (b), porque, se (a) é verdade, (b) é necessariamente verdade.
9) A sentença (a) acarreta a sentença (b), porque, se (a) é verdade, (b) é necessariamente verdade.
10) A sentença (a) não acarreta a sentença (b), pois a sentença (¬b) não é contraditória à sentença (a). É perfeitamente possível dizermos que seu discurso me confundiu, mas não me confundiu profundamente.
11) A sentença (a) acarreta a sentença (b), porque, se (a) é verdade, (b) é verdade (mesma observação de 2).
12) A sentença (a) acarreta a sentença (b), porque, se (a) é verdade, (b) é necessariamente verdade.
13) A sentença (a) acarreta a sentença (b), porque, se (a) é verdade, (b) é necessariamente verdadeira.
14) A sentença (a) não acarreta a sentença (b), pois a sentença (¬b) não é contraditória à sentença (a). É perfeitamente possível dizermos que a Maria e o João são gêmeos, mas não têm a mesma fisionomia.
15) A sentença (a) acarreta a sentença (b), porque a informação de (b) está contida em (a).
16) A sentença (a) não acarreta a sentença (b), pois a sentença (¬b) não é contraditória à sentença (a). É perfeitamente possível dizer que não foi a Maria que chegou tarde; na verdade, ninguém chegou tarde.
17) A sentença (a) acarreta a sentença (b), porque a informação de (b) está contida em (a).
18) A sentença (a) não acarreta a sentença (b), pois a sentença (¬b) não é contraditória à sentença (a). É perfeitamente possível dizermos que a Maria acha que o José já chegou, mas, na verdade, o José não chegou.
19) A sentença (a) acarreta a sentença (b), porque a informação de (b) está contida em (a).

20) A sentença (a) não acarreta a sentença (b), pois a sentença (¬b) não é contraditória à sentença (a). É perfeitamente possível dizermos que houve um roubo no banco, mas o banco não foi roubado; foi um assaltante que roubou a bolsa de uma cliente. Veja que as sentenças (20a) e (20b) são ambíguas.
21) A sentença (a) acarreta a sentença (b), porque a informação de (b) está contida em (a).
22) A sentença (a) não acarreta a sentença (b), pois (¬b) não é contraditória à (a). É possível dizermos: não foi o menino que caiu, e, na verdade, ninguém caiu.
23) A sentença (a) não acarreta a sentença (b), pois, se (a) é verdade, (b) não é verdade.
24) A sentença (a) acarreta a sentença (b), porque a informação de (b) está contida em (a).
25) A sentença (a) acarreta a sentença (b), porque, se (a) é verdade, (b) também é verdade.

Exercícios – Pressuposição

I.
1) A sentença (a) acarreta a sentença (b), porque, se (a) é verdade, (b) é necessariamente verdade.
Família de (a):
a. O João não adivinhou que o Paulo estava aqui.
a'. O João adivinhou que o Paulo estava aqui.
a". O João adivinhou que o Paulo estava aqui?
a'''. Eu me pergunto se o João adivinhou que o Paulo estava aqui.
A sentença (a) pressupõe (b), porque a família de (a) toma (b) como verdade.

2) A sentença (a) acarreta a sentença (b), porque a informação de (b) está contida em (a).
Família de (a):
a. O João adorou ter conseguido um emprego.
a'. O João não adorou ter conseguido um emprego.
a". O João adorou ter conseguido um emprego?
a'''. Se o João não adorou ter conseguido um emprego...
A sentença (a) pressupõe (b), porque a família de (a) toma (b) como verdade.

3) A definição de acarretamento não se aplica a orações interrogativas.
Família de (a):
a. Sandra, você parou de vender perfumes?
a'. A Sandra não parou de vender perfumes.
a". A Sandra parou de vender perfumes.
a'''. Se a Sandra parou de vender perfumes...
A sentença (a) pressupõe (b), porque a família de (a) toma (b) como verdade.

4) A sentença (a) não acarreta a sentença (b), pois a sentença (¬b) não é contraditória à sentença (a). É perfeitamente possível dizermos que não foi o José que roubou a loja, na verdade, ninguém roubou a loja.
Família de (a):
a. Não foi o José que roubou a loja.
a'. Foi o José que roubou a loja.

a". (Não) foi o José que roubou a loja?
a'". Se (não) foi o José que roubou a loja...
A sentença (a) pressupõe (b), porque a família de (a) toma (b) como verdade.

5) A definição de acarretamento não se aplica a orações condicionais.
Família de (a):
a. O Paulo esqueceu de fazer o dever.
a'. O Paulo não esqueceu de fazer o dever.
a". O Paulo esqueceu de fazer o dever?
a'". Se o Paulo esqueceu de fazer o dever...
A sentença (a) pressupõe (b), porque a família de (a) toma (b) como verdade.

6) A sentença (a) acarreta a sentença (b), porque, se (a) é verdade, (b) é necessariamente verdade.
Família de (a):
a. O João certificou-se de que a Maria tinha saído.
a'. O João não se certificou de que a Maria tinha saído.
a". O João certificou-se de que a Maria tinha saído?
a'". Se João se certificou de que a Maria tinha saído...
A sentença (a) não pressupõe (b), porque a família de (a) não toma (b) como verdade. Veja que se você faz a pergunta: "O João certificou-se de que a Maria tinha saído?", você não está tomando como verdade que a Maria tinha saído; isso é exatamente o que você quer saber.

7) A sentença (a) acarreta a sentença (b), porque, se (a) é verdade, (b) é necessariamente verdade.
Família de (a):
a. O inventor da penicilina não morreu.
a'. O inventor da penicilina morreu.
a". O inventor da penicilina não morreu?
a'". Eu me pergunto se o inventor da penicilina não morreu...
A sentença (a) pressupõe (b), porque a família de (a) toma (b) como verdade.

8) A sentença (a) acarreta a sentença (b), porque, se (a) é verdade, (b) é necessariamente verdade.
Família de (a):
a. O menino foi salvo por um lobo.
a'. O menino não foi salvo por um lobo.
a". O menino foi salvo por um lobo?
a'". Se o menino foi salvo por um lobo...
A sentença (a) não pressupõe (b), porque a família de (a) não toma (b) como verdade.

9) A sentença (a) acarreta a sentença (b), porque, se (a) é verdade, (b) é necessariamente verdade.
Família de (a):
a. O rei da França é calvo.
a'. O rei da França não é calvo.

a". O rei da França é calvo?
a'". Se o rei da França é calvo...
A sentença (a) pressupõe (b), porque a família de (a) toma (b) como verdade.

10) A sentença (a) não acarreta a sentença (b), pois a sentença (¬b) não é contraditória à sentença (a). É perfeitamente possível dizermos que não foi o D. João que declarou a independência; na verdade, ninguém declarou a independência.
Família de (a):
a. Não foi o D. João que declarou a independência.
a'. Foi o D. João que declarou a independência.
a". (Não) foi o D. João que declarou a independência?
a'". Se (não) foi o D. João que declarou a independência...
A sentença (a) pressupõe (b), porque a família de (a) toma (b) como verdade.

11) A sentença (a) acarreta a sentença (b), porque, se (a) é verdade, (b) é necessariamente verdade.
Família de (a):
a. O João é solteiro.
a'. O João não é solteiro.
a". O João é solteiro?
a'". Se o João é solteiro...
A sentença (a) não pressupõe (b), porque a família de (a) não toma (b) como verdade.

12) A sentença (a) não acarreta a sentença (b), pois a sentença (¬b) não é contraditória à sentença (a). É perfeitamente possível dizermos que não foi a Maria que perdeu o trem; na verdade, ninguém perdeu o trem.
Família de (a):
a. Não foi a Maria que perdeu o trem.
a'. Foi a Maria que perdeu o trem.
a". (Não) foi a Maria que perdeu o trem?
a'". Se não foi a Maria que perdeu o trem...
A sentença (a) pressupõe (b), porque a família de (a) toma (b) como verdade.

13) A sentença (a) acarreta a sentença (b), porque a informação de (b) está contida em (a).
Família de (a):
a. Que o João tenha fugido não aborreceu a Maria.
a'. Que o João tenha fugido aborreceu a Maria. (Lembre-se que a negativa é a da oração principal, portanto, não negue a oração *que o João...*, pois essa é o sujeito da oração principal, que já está na negativa na sentença (a).)
a". Que o João tenha fugido (não) aborreceu a Maria?
a'". Se o fato de o João ter fugido (não) aborreceu a Maria...
A sentença (a) pressupõe (b), porque a família de (a) toma (b) como verdade.

14) A sentença (a) acarreta a sentença (b), porque a informação de (b) está contida em (a).
Família de (a):
a. O Paulo e o José ainda são jovens.
a'. O Paulo e o José não são mais jovens.

a". O Paulo e o José ainda são jovens?
a'". Se o Paulo e o José ainda são jovens...
A sentença (a) não pressupõe (b), porque a família de (a) não toma (b) como verdade.

15) A sentença (a) não acarreta a sentença (b), pois a sentença (¬b) não é contraditória à sentença (a). É perfeitamente possível dizer que o João acha que a Maria já saiu, mas, na verdade, a Maria não saiu ainda.
Família de (a):
a. O João acha que a Maria já saiu.
a'. O João não acha que a Maria já saiu.
a". O João acha que a Maria já saiu?
a'". Se o João acha que a Maria já saiu...
A sentença (a) não pressupõe (b), porque a família de (a) não toma (b) como verdade.

16) A sentença (a) acarreta a sentença (b), porque a informação de (b) está contida em (a).
Família de (a):
a. O João lamenta que a Maria o tenha deixado.
a'. O João não lamenta que a Maria o tenha deixado.
a". O João lamenta que a Maria o tenha deixado?
a'". Se o João lamenta que a Maria o tenha deixado...
A sentença (a) pressupõe (b), porque a família de (a) toma (b) como verdade.

17) A sentença (a) acarreta a sentença (b), porque, se (a) é verdade, (b) é necessariamente verdade.
Família de (a):
a. Foi o José que deixou a porta aberta.
a'. Não foi o José que deixou a porta aberta.
a". Foi o José que deixou a porta aberta?
a'". Se foi o José que deixou a porta aberta...
A sentença (a) pressupõe (b), porque a família de (a) toma (b) como verdade.

18) A sentença (a) não acarreta a sentença (b), porque, se (a) é verdade, (b) é necessariamente verdade.
Família de (a):
a. O Pedro assumiu que havia trancado o cofre.
a'. O Pedro não assumiu que havia trancado o cofre.
a". O Pedro assumiu que havia trancado o cofre?
a'". Se o Pedro assumiu que havia trancado o cofre...
A sentença (a) não pressupõe (b), porque a família de (a) não toma (b) como verdade.

19) A sentença (a) acarreta a sentença (b), porque, se (a) é verdade, (b) é necessariamente verdade.
Família de (a):
a. O inventor do saca-rolhas é um desconhecido.
a'. O inventor do saca-rolhas não é um desconhecido.
a". O inventor do saca-rolhas é um desconhecido?
a'". Se o inventor do saca-rolhas é um desconhecido...
A sentença (a) pressupõe (b), porque a família de (a) toma (b) como verdade.

20) A sentença (a) acarreta a sentença (b), porque, se (a) é verdade, (b) é necessariamente verdade.
Família de (a):
a. A Maria reconheceu seu erro.
a'. A Maria não reconheceu seu erro.
a''. A Maria reconheceu seu erro?
a'''. Se a Maria reconheceu seu erro...
A sentença (a) pressupõe (b), porque a família de (a) toma (b) como verdade.

21) A sentença (a) acarreta a sentença (b), porque, se (a) é verdade, (b) é necessariamente verdade.
Família de (a):
a. Alguns dos alunos não vão se formar.
a'. Todos os alunos vão se formar. (A ideia afirmativa mais próxima da negação em (a) será com todos. Veja que, se você usar *alguns vão...*, tem-se uma implicatura com a ideia de complementação, ou seja, se alguns vão, outros não vão.)
a''. Alguns dos alunos (não) vão se formar?
a'''. Se alguns dos alunos (não) vão se formar...
A sentença (a) não pressupõe (b), porque a família de (a) não toma (b) como verdade.

22) A sentença (a) não acarreta a sentença (b), porque, se (a) é verdade, (b) não é verdade necessariamente. A sentença (a) é ambígua, ou seja, gera duas possibilidades de interpretação: O Paulo e o José são poderosos separadamente, ou apenas em conjunto.
Família de (a):
a. O Paulo e o José são poderosos.
a'. O Paulo e o José não são poderosos.
a''. O Paulo e o José são poderosos?
a'''. Se o Paulo e o José são poderosos...
A sentença (a) não pressupõe (b), porque a família de (a) não toma (b) como verdade.

23) A sentença (a) acarreta a sentença (b), porque a informação de (b) está contida em (a).
Família de (a):
a. A Linda admitiu a culpa.
a'. A Linda não admitiu a culpa
a''. A Linda admitiu a culpa?
a'''. Se a Linda admitiu a culpa...
A sentença (a) pressupõe (b), porque a família de (a) não toma (b) como verdade.

24) A sentença (a) acarreta a sentença (b), porque a informação de (b) está contida em (a).
Família de (a):
a. Eu já falava inglês, francês e grego quando você aprendeu a falar inglês.
a'. Eu ainda não falava inglês, francês e grego quando você aprendeu a falar inglês.
a''. Eu já falava inglês, francês e grego quando você aprendeu a falar inglês?
a'''. Se eu já falava inglês, francês e grego quando você aprendeu a falar inglês...
A sentença (a) pressupõe (b), porque a família de (a) toma (b) como verdade.

25) A sentença (a) acarreta a sentença (b), porque a informação de (b) está contida em (a).
Família de (a):
a. O Pelé, que foi um grande jogador de futebol, fez mais de mil gols.
a'. O Pelé, que foi um grande jogador de futebol, não fez mais de mil gols.
a". O Pelé, que foi um grande jogador de futebol, fez mais de mil gols?
a'''. Se o Pelé, que foi um grande jogador de futebol, fez mais de mil gols...
A sentença (a) pressupõe (b), porque a família de (a) toma (b) como verdade.

II. Neste exercício, você tem que achar, no texto, as sentenças que podem estar em relação de acarretamento e de pressuposição com a sentença dada, ou seja, em termos de sentenças (a) e (b), temos que a sentença do texto será a (a) e a sentença dada será a (b).

1) a. A ex-chacrete Josefina Canabrava desmentiu boatos.
b. Josefina Canabrava foi chacrete no passado.
A sentença (a) acarreta (b), porque a informação de (b) está contida em (a).
Família de (a):
a. A ex-chacrete Josefina Canabrava desmentiu boatos.
a'. A ex-chacrete Josefina Canabrava não desmentiu boatos.
a". A ex-chacrete Josefina Canabrava desmentiu boatos?
a'''. Se a ex-chacrete Josefina Canabrava desmentiu boatos...
A sentença (a) pressupõe (b), porque a família de (a) toma (b) como verdade.

2) a. A ex-chacrete Josefina Canabrava desmentiu boatos do reatamento de seu casamento com Tim Tones.
b. Josefina Canabrava e Tim Tones foram casados há algum tempo.
A sentença (a) acarreta (b), porque a informação de (b) está contida em (a).
Família de (a):
a. A ex-chacrete Josefina Canabrava desmentiu boatos do reatamento de seu casamento com Tim Tones.
a'. A ex-chacrete Josefina Canabrava não desmentiu boatos do reatamento de seu casamento com Tim Tones.
a". A ex-chacrete Josefina Canabrava desmentiu boatos do reatamento de seu casamento com Tim Tones?
a'''. Se a ex-chacrete Josefina Canabrava desmentiu boatos do reatamento de seu casamento com Tim Tones...
A sentença (a) pressupõe (b), porque a família de (a) toma (b) como verdade.

3) a. Tim Tones é filho do atual gerente das empresas Tabajara.
b. O pai de Tim Tones ainda vive.
A sentença (a) acarreta (b), porque a informação de (b) está contida em (a).
Família de (a):
a. Tim Tones é filho do atual gerente das empresas Tabajara.
a'. Tim Tones não é filho do atual gerente das empresas Tabajara.
a". Tim Tones é filho do atual gerente das empresas Tabajara?
a'''. Se Tim Tones é filho do atual gerente das empresas Tabajara...
A sentença (a) não pressupõe (b), porque a família de (a) não toma (b) como verdade.

4) a. Tim Tones é filho do atual gerente das empresas Tabajara, Seu Creyson.
b. O pai de Tim Tones é Seu Creyson.
A sentença (a) acarreta (b), porque a informação de (b) está contida em (a).
Família de (a):
a. Tim Tones é filho do atual gerente das empresas Tabajara, Seu Creyson.
a'. Tim Tones não é filho do atual gerente das empresas Tabajara, Seu Creyson.
a". Tim Tones é filho do atual gerente das empresas Tabajara, Seu Creyson?
a'". Se Tim Tones é filho do atual gerente das empresas Tabajara, Seu Creyson...
A sentença (a) não pressupõe (b), porque a família de (a) não toma (b) como verdade.

5) a. Tim Tones é filho do atual gerente das empresas Tabajara, Seu Creyson.
b. Seu Creyson trabalha nas empresas Tabajara como gerente.
A sentença (a) acarreta (b), porque a informação de (b) está contida em (a).
Família de (a):
a. Tim Tones é filho do atual gerente das empresas Tabajara, Seu Creyson.
a'. Tim Tones não é filho do atual gerente das empresas Tabajara, Seu Creyson.
a". Tim Tones é filho do atual gerente das empresas Tabajara, Seu Creyson?
a'". Se Tim Tones é filho do atual gerente das empresas Tabajara, Seu Creyson...
A sentença (a) pressupõe (b), porque a família de (a) toma (b) como verdade.

6) a. Josefina Canabrava desmentiu boatos do reatamento de seu casamento com Tim Tones.
b. Correram boatos de que Josefina Canabrava e Tim Tones reataram o casamento.
A sentença (a) acarreta (b), porque a informação de (b) está contida em (a).
Família de (a):
a. Josefina Canabrava desmentiu boatos do reatamento de seu casamento com Tim Tones.
a'. Josefina Canabrava não desmentiu boatos do reatamento de seu casamento com Tim Tones.
a". Josefina Canabrava desmentiu boatos do reatamento de seu casamento com Tim Tones?
a'". Se Josefina Canabrava desmentiu boatos do reatamento de seu casamento com Tim Tones...
A sentença (a) pressupõe (b), porque a família de (a) toma (b) como verdade.

7) a. Josefina Canabrava desmentiu boatos do reatamento de seu casamento com Tim Tones.
b. Josefina e Tim Tones não terminaram o casamento.
A sentença (a) não acarreta (b), porque se (a) é verdade, (b) não é necessariamente verdade.
Família de (a):
a. Josefina Canabrava desmentiu boatos do reatamento de seu casamento com Tim Tones.
a'. Josefina Canabrava não desmentiu boatos do reatamento de seu casamento com Tim Tones.
a". Josefina Canabrava desmentiu boatos do reatamento de seu casamento com Tim Tones?
a'". Se Josefina Canabrava desmentiu boatos do reatamento de seu casamento com Tim Tones...
A sentença (a) não pressupõe (b), porque a família de (a) não toma (b) como verdade.

Outras propriedades semânticas

Exercícios – Sinonímia e paráfrase

I.
1) A sentença (a) é sinônimo de conteúdo da sentença (b), porque (a) acarreta (b) e (b) acarreta (a). Quando colocadas em uso, no entanto, essas sentenças podem ter uma conotação diferente. Nesse caso, o emprego de (a) parece representar uma forma mais "suave", menos "direta", de se passar a mesma informação contida em (b).
2) A sentença (a) é sinônimo de conteúdo da sentença (b), porque (a) acarreta (b) e (b) acarreta (a). Novamente, a escolha do falante em proferir (b), a negação de (a), parece indicar a intenção de se passar a informação de uma maneira mais indireta.
3) A sentença (a) é sinônimo de conteúdo da sentença (b), porque (a) acarreta (b) e (b) acarreta (a). A escolha do falante em empregar (a) ou (b), em uma determinada situação discursiva, vai depender de qual perspectiva da sentença se quer evidenciar.
4) A sentença (a) é sinônimo de conteúdo da sentença (b), porque (a) acarreta (b) e (b) acarreta (a). No que se refere ao emprego de (a) ou (b), não parece haver diferença significante.
5) A sentença (a) é sinônimo de conteúdo da sentença (b), porque (a) acarreta (b) e (b) acarreta (a). Apesar de serem sinônimas, (a) e (b) possuem conotações distintas, quando analisadas em situações de uso. O emprego de *pessoa* parece ser mais corriqueiro; o emprego de *indivíduo* parece ser mais formal.
6) A sentença (a) é sinônimo de conteúdo da sentença (b), porque (a) acarreta (b) e (b) acarreta (a). Nesse caso, o emprego de *falar* ou *dizer* parece não sinalizar diferenças de sentido no âmbito pragmático, uma vez que se usa um pelo outro em diferentes tipos de contexto.
7) Não há um consenso se (a) e (b) acarretam exatamente as mesmas sentenças. Provavelmente, (7a) acarreta: existem dois benefícios e todos os trabalhadores recebem esses dois benefícios; ou, cada trabalhador recebe dois benefícios diferentes. E (7b), provavelmente, acarreta somente a primeira versão: existem dois benefícios que todos os trabalhadores recebem. Além disso, a escolha do tópico da frase também altera a informação passada.
8) A sentença (a) é sinônimo de conteúdo da sentença (b), porque (a) acarreta (b) e (b) acarreta (a). Não parece haver diferença no uso.
9) A sentença (a) não é sinônimo de conteúdo da sentença (b), porque (a) acarreta (b), mas (b) não acarreta (a).
10) A sentença (a) é sinônimo de conteúdo da sentença (b), porque (a) acarreta (b) e (b) acarreta (a). A escolha do falante em empregar (a) ou (b), em uma determinada situação discursiva, vai depender de qual referente da sentença se quer evidenciar, nesse caso, *o Pedro* ou *eu*. Também, podemos pensar em uma outra leitura, muito corrente no português falado, em que (10a) significa que o Pedro trabalha para mim. Neste caso, não teríamos sinonímia.

11) A sentença (a) é sinônimo de conteúdo da sentença (b), porque (a) acarreta (b) e (b) acarreta (a). Falar sobre um determinado evento sob a perspectiva ativa ou passiva altera, também, a informação que se pretende passar. A ativa realça o agente da ação, e a passiva, ao contrário, evidencia o paciente da ação.

12) A sentença (a) é sinônimo de conteúdo das sentenças (b) e (c), porque (a) acarreta (b) e (c); (b) acarreta (a) e (c) e (c) acarreta (a) e (b). A opção do falante em empregar (a), (b) ou (c) vai depender de qual elemento se deseja evidenciar na situação discursiva: a marcação do referente, *a Maria* em (a); a marcação do estado, o adjetivo predicativo *bonita*, em (b); e a marcação do tempo, o advérbio *hoje*, em (c).

13) A sentença (a) é sinônimo de conteúdo da sentença (b), porque (a) acarreta (b) e (b) acarreta (a). No entanto, pode-se verificar uma diferença de significado decorrente da colocação de foco no proferimento das sentenças. Em (a), tem-se uma resposta para a pergunta *O que você comeu?*; já em (b), a pergunta adequada seria *Quem comeu um chocolate?*.

14) A sentença (a) é sinônimo de conteúdo da sentença (b), porque (a) acarreta (b) e (b) acarreta (a). No âmbito da pragmática, essas sentenças apresentam uma distinção relacionada com o registro, uma vez que (a) configura uma linguagem coloquial e (b) uma linguagem culta.

15) A sentença (a) é sinônimo de conteúdo da sentença (b), porque (a) acarreta (b) e (b) acarreta (a). As palavras *velhos* e *idosos*, apesar de sinônimas, quando proferidas, sinalizam uma alteração de significado: a palavra *velho* pode representar um uso pejorativo da palavra *idoso*.

Exercícios – Antonímia e contradição

I.
1) Antonímia gradativa.
2) Antonímia gradativa.
3) Antonímia gradativa.
4) Antonímia gradativa.
5) Antonímia gradativa.
6) Antonímia inversa.
7) Antonímia inversa.
8) Antonímia inversa.
9) Antonímia gradativa.
10) Antonímia inversa.
11) Antonímia binária.
12) Antonímia gradativa.
13) Antonímia binária.
14) Antonímia binária.
15) Antonímia gradativa.

II.
1) As sentenças (a) e (b) são contraditórias, porque (a) e (b) não podem ser verdadeiras ao mesmo tempo (antonímia gradativa).
2) As sentenças (a) e (b) não são contraditórias, porque (a) e (b) podem ser verdadeiras ao mesmo tempo. É perfeitamente possível dizer: o Paulo não gosta de futebol, mas o Paulo vai ao campo de futebol.

3) As sentenças (a) e (b) são contraditórias, porque (a) e (b) não podem ser verdadeiras ao mesmo tempo (antonímia inversa).
4) As sentenças (a) e (b) são contraditórias, porque (a) e (b) não podem ser verdadeiras ao mesmo tempo.
5) As sentenças (a) e (b) não são contraditórias, porque a situação descrita pela sentença (a) é a mesma situação descrita pela sentença (b). O par de sentenças apresenta sinonímia.
6) As sentenças (a) e (b) são contraditórias, porque (a) e (b) não podem ser verdadeiras ao mesmo tempo (antonímia binária).
7) As sentenças (a) e (b) não são contraditórias, porque (a) e (b) podem ser verdadeiras ao mesmo tempo. É perfeitamente possível dizer: algumas pessoas saudáveis moram no campo, mas também algumas pessoas saudáveis moram na cidade.
8) As sentenças (a) e (b) são contraditórias, porque (a) e (b) não podem ser verdadeiras ao mesmo tempo (antonímia binária).
9) As sentenças (a) e (b) são contraditórias, porque (a) e (b) não podem ser verdadeiras ao mesmo tempo.
10) As sentenças (a) e (b) não são contraditórias, porque (a) e (b) podem ser verdadeiras ao mesmo tempo. É perfeitamente possível dizer: o João gosta muito de dormir, mas o João acorda cedo todos os dias.

III.
a. *É ferida que dói e não se sente*; a sentença (a) é contraditória, porque (a) nunca pode ser verdade; não existe uma situação possível descrita por (a).
b. *É um contentamento descontente*; a sentença (b) é contraditória, porque (b) nunca pode ser verdade; não existe uma situação possível descrita por (b).
c. *É dor que desatina sem doer*; a sentença (c) é contraditória, porque (c) nunca pode ser verdade; não existe uma situação possível descrita por (c).

Exercícios – Anomalia

I.
a. Beber: V, [$_{SN}$ [+animado]] ____ [$_{SN}$ [+líquido]]. Esta é uma sentença anômala, porque o núcleo do sujeito e o objeto direto não apresentam os traços semânticos apontados na restrição selecional do verbo *beber*: *raiz quadrada* é [-animado] e *humanidade* é [-líquido]. Ainda dentro do sintagma nominal *a raiz quadrada da mesa de Mila* ocorre anomalia, porque o núcleo *raiz quadrada* pede um complemento [+número] e *a mesa de Mila* não preenche esse requisito semântico.
b. Dormir: V, [$_{SN}$ [+animado]] ____. Esta é uma sentença anômala, porque o núcleo do sujeito não apresenta o traço semântico previsto na restrição selecional do verbo *dormir*: *ideias* é [-animado]. Têm-se ainda estranhezas decorrentes das relações semânticas entre o verbo e o advérbio – *dormem furiosamente* – e entre os elementos do SN sujeito – *ideias verdes*.
c. Úmido: A, [$_{SN}$ [+concreto]] ____. Esta é uma sentença anômala, porque os traços selecionais do predicador *úmido* e os traços semânticos do argumento *rir* são incompatíveis.
d. Tropeçar: V, [$_{SN}$ [+animado]] ____. Esta é uma sentença com um alto grau de anomalia. Primeiramente, uma incompatibilidade sintática: o verbo *tropeçar* seleciona um SN como sujeito, não uma oração como *o fato de que queijo é verde*. Depois, a relação

semântica entre o verbo e o advérbio – *tropeçou inadvertidamente* – causa estranheza ao evento denotado pelo verbo, pois o ato de tropeçar não se faz conscientemente, é algo involuntário. Ocorre também uma incompatibilidade entre o predicador *verde* e o argumento *queijo*, realçada ainda mais pela expressão factual *o fato de que*.

e. Alta: A, [_SN_ [+animado, +feminino]] ____; loira: A, [_SN_ [+animado, +feminino]] ____. Esta é uma sentença anômala, porque os predicadores *alta* e *loira* não selecionam um objeto [-animado] como argumento, como é o caso de *escova*.

f. Esta é uma sentença anômala, porque os argumentos do verbo *ser* e o SN objeto *consternação* não seguem os traços selecionados pelo verbo. Apesar de *assustar* selecionar para o argumento na posição de sujeito um número significativo de possibilidades de traços semânticos [+entidade, +evento], *ser um teorema* não está entre tais possibilidades. O argumento na posição de objeto *consternação* também não segue o traço [+animado] previsto pelo verbo.

II.
1) Contradição: a sentença (1) é contraditória, porque (1) nunca pode ser verdade; não existe uma situação possível descrita por (1).
2) Anomalia: não há como gerar nenhum tipo de acarretamento, ou seja, uma verdade necessária, a partir de (2). Há incoerência semântica entre os termos *falar* e *pedras* (verbo e complemento) e entre os termos *chorar* e *quente* (verbo e adjetivo).
3) Anomalia: não há como gerar nenhum tipo de acarretamento, ou seja, uma verdade necessária, a partir de (3). A estranheza causada por esta sentença está na relação entre o sujeito *a flor* e o predicado: *a flor*, enquanto um objeto produzido pela natureza, não há como nos dar trabalho, já que não somos nós os responsáveis por sua criação.
4) Contradição: as sentenças em (4) são contraditórias, porque (4) nunca pode ser verdade; não existe uma situação possível descrita por (4).
5) Anomalia: não há como gerar nenhum tipo de acarretamento, ou seja, uma verdade necessária, a partir de (5). Há incompatibilidades semânticas entre o verbo *ranger* e o núcleo do sujeito *coração*; dentro do SN *o coração pulverizado*, entre o adjetivo e o nome; e dentro do PP (sintagma preposicionado) *sob o peso nervoso*, entre o adjetivo e o nome.
6) Anomalia: não há como gerar nenhum tipo de acarretamento, ou seja, uma verdade necessária, a partir de (6). Nossa língua até permite o uso metafórico da expressão *os olhos devoram*, mas estes devem ser [+humanos], nunca [+inanimados], como no caso de *olhos de vidro*. Nesta sentença, ocorre também uma contradição: não existe uma situação possível descrita pelo SN *os braços da musa sem braços*.
7) Anomalia: não há como gerar nenhum tipo de acarretamento, ou seja, uma verdade necessária, a partir de (7). O verbo *falar* seleciona um SN sujeito [+humano, -mudo], não um cachorro [-humano]. Nesta sentença ocorre, também, uma contradição: não existe uma situação possível descrita pelo SN *o cachorro manso bravo*.
8) Contradição: a sentença (8) é contraditória, porque (8) nunca pode ser verdade; não existe uma situação possível descrita por (8).
9) Anomalia: não há como gerar nenhum tipo de acarretamento, ou seja, uma verdade necessária, a partir de (9). O sujeito e o objeto não apresentam os traços selecionais do verbo *beber*: *cadeira* é [-animado] e *esperança* é [-líquido].
10) Anomalia: não há como gerar nenhum tipo de acarretamento, ou seja, uma verdade necessária, a partir de (7). O verbo *falar* seleciona um sujeito [+animado].

Exercícios – *Dêixis* e anáfora

I.
1) João acredita que [poucas mulheres]$_i$ pensam que elas$_i$ possam ser bem-sucedidas.
2) Eles$_k$ conhecem poucos homens na cidade.
3) Ela$_k$ pensa que Bárbara está doente.
4) A Bárbara$_i$ ficará em casa, se ela$_{i/k}$ ficar doente.
5) Nenhum homem$_i$ trabalha eficientemente, quando ele$_i$ está infeliz.
6) [Nenhum dos parentes de Ana]$_i$ pensa que ele$_{i/k}$ é pago adequadamente.
7) [Aquele infeliz]$_j$ contou para o Paulo$_i$ o que a Maria pensa dele$_{i/j}$.
8) Qualquer garota$_i$ na classe pode pular mais alto que Maria$_j$, se ela$_{i/j}$ quiser.
9) A mãe dela$_k$ está orgulhosa de Maria.
10) Todo homem$_i$ é orgulhoso de sua$_i$ mãe.

Ambiguidade e vagueza

Exercícios – Os vários significados das palavras

I.
1) A sentença (1) possui duas interpretações devido ao pronome possessivo *sua*: todo homem ama a sua própria mulher ou todo homem ama a mulher do ouvinte. Não é possível aplicar nenhum dos testes propostos.
2) Teste: *O João atirou em um pato correndo e o Paulo também*. Relação de ambiguidade. A sentença (2) possui duas interpretações: o João estava correndo e atirou em um pato ou o João atirou em um pato que estava correndo. Qualquer que seja a interpretação de (2), a sentença reduzida *o Paulo também* a terá, ou seja, não há como as duas sentenças do teste produzirem significados distintos.
3) Relação de indicialidade. A referência do pronome *nós*, uma palavra dêitica, varia de acordo com o contexto, mas o seu significado não é vago; pelo contrário, é sempre constante.
4) Relação de vagueza. Esta sentença é vaga devido ao quantificador *algumas*, ou seja, não está especificado quem são as pessoas exatas de quem se fala. Não é possível aplicar os testes.
5) Teste: *O João é um rapaz satisfeito e o Antônio também*. Relação de vagueza. O adjetivo *satisfeito* é uma palavra inespecífica (satisfeito com o emprego, com a família, com o seu time de futebol). A interpretação da especificidade da segunda sentença com *também* não fica restrita à interpretação da mesma especificidade da primeira sentença, pois é possível se ter que João é um rapaz satisfeito com a família e o Antônio é satisfeito com o carro que possui.

II. Respostas variáveis.

Exercícios – Tipos de ambiguidade

I. Respostas variáveis.

II.
1) Construção com gerúndio. Há uma leitura temporal ou uma leitura causativa possíveis: me deu uma vontade de comer, quando se falou em chocolate ou me deu uma vontade de comer, porque se falou em chocolate.
2) Ambiguidade lexical: polissemia. O item lexical *terra* torna a sentença ambígua. Neste caso, pode-se pensar em *terra* como: (a) um material quantitativo, aí o sentido de *acabar* é sinônimo de *diminuir*; (b) base agrícola, aí o sentido de *acabar* é sinônimo de *ser destruída*; (c) o planeta, aí o sentido de *acabar* também é sinônimo de *ser destruída*.
3) Ambiguidade por correferência. As duas possíveis interpretações para esta sentença decorrem do tipo de ligação do pronome possessivo e seus antecedentes, que podem ser eleitores ou deputados: os eleitores revoltam-se por causa de seus próprios salários ou os eleitores revoltam-se por causa dos salários dos deputados.
4) Ambiguidade lexical. O item lexical *teatro* torna a sentença ambígua: se a palavra *teatro* significar *espaço físico*, tem-se para *lugar* o sentido de *assento na plateia*, mas se *teatro* significar *grupo teatral*, *lugar* passa a ter o sentido de *vaga na peça*. Tem-se aí um caso de polissemia.
5) Ambiguidade sintática. Os dois acarretamentos possíveis desta sentença decorrem das duas possíveis estruturas sintáticas: uma interpretação acarreta que o eu que fala, contrariado, abandonou algo ou alguém; e outra acarreta que o eu que fala abandonou alguém e este último estava contrariado.
6) Ambiguidade sintática. Os dois acarretamentos possíveis desta sentença decorrem das duas possíveis estruturas sintáticas: uma interpretação acarreta que os especialistas debateram as saídas para a crise de São Paulo; e outra acarreta que os especialistas, em São Paulo, debateram as saídas para a crise.
7) Ambiguidade por correferência: pronome *ela* (dêitico ou anafórico).
8) Ambiguidade sintática (Flamengo jogando em casa ou Atlético jogando em casa).
9) Atribuição de papéis temáticos (João xerocou, ele mesmo, todos os livros – agente – ou levou os livros para alguém xerocar para ele – beneficiário).
10) Ambiguidade sintática (ele é um protetor de pivete ou um travesti; ou é protetor de pivete ou protetor de travesti).
11) Ambiguidade de escopo (os dois estudam cada qual em um turno diferente; ou os dois estudam em dois turnos, cada um).
12) Ambiguidade sintática. Ou o menino, de dentro do prédio, viu o incêndio, ou o menino viu o incêndio que acontecia em um determinado prédio.
13) Ambiguidade múltipla: (a) ambiguidade por correferência (pronome *sua* que se refere a João, José ou é um dêitico) e (b) ambiguidade lexical (*balas*: doce ou arma).
14) Ambiguidade lexical (*cadeira*: título ou assento)
15) Ambiguidade por correferência (o pronome *ela* se refere à Paula ou à Maria).
16) Ambiguidade lexical (*banco*: instituição financeira, agência ou assento).
17) Ambiguidade de escopo (sujeito plural ou distributivo).
18) Ambiguidade lexical (*cálculos*: renais ou matemáticos).

19) Ambiguidade de escopo: o João não ajudou nenhum dos meninos ou o João ajudou alguns meninos.
20) Ambiguidade sintática (*bons* refere-se apenas aos livros ou refere-se tanto aos livros como também aos mestres).
21) Ambiguidade múltipla: (a) lexical (a preposição *do* gera a interpretação de que a casa pertencia ao Paulo ou de que Paulo era o vendedor); (b) atribuição de papéis temáticos (Paulo como possuidor ou Paulo como agente).
22) Ambiguidade sintática (Celina, na igreja, lembrou-se de Maurílio; ou Celina lembrou-se do momento em que Maurílio estava na igreja).
23) Ambiguidade de escopo (todos assistiram aos mesmos dois filmes; ou cada um assistiu a dois filmes diferentes).
24) Ambiguidade lexical (cachorro: cachorro-quente, animal ou homem).
25) Ambiguidade lexical (*sobre*: de cima da igreja ou a respeito da igreja).
26) Ambiguidade sintática (Sônia recebeu o livro que havia emprestado; ou Sônia recebeu um livro em empréstimo).
27) Construção com gerúndio. Há uma leitura temporal ou uma leitura causativa possíveis: João não saiu àquela hora, quando estava adiantado; ou João não saiu àquela hora, porque estava adiantado.
28) Ambiguidade lexical (*provas*: avaliações escolares; ou provas que podem incriminar alguém).
29) Atribuição de papéis temáticos (agente ou paciente).
30) Ambiguidade múltipla: (a) lexical (a preposição *do* gera a interpretação de que o cachorro pertence ao vizinho ou de que o vizinho é um cachorro; o item *anda*: caminha ou está); e (b) sintática, decorrente dos possíveis sentidos para a palavra *anda* (verbo intransitivo, modificado pelo advérbio alucinado) ou verbo de ligação, intermediando uma qualidade ao sujeito da sentença.
31) Construção com gerúndio. Há uma leitura temporal ou uma leitura causativa possíveis: curvei-me à fatalidade, quando julgava inúteis as cautelas; ou curvei-me à fatalidade, porque julgava inúteis as cautelas.
32) Ambiguidade múltipla: a) por correferência (o pronome *sua* é dêitico ou anafórico) e b) papel temático: *o João* é o agente ou beneficiário.
33) Ambiguidade sintática (Jorge ama Rosa tanto quanto Jorge ama João; ou Jorge ama Rosa tanto quanto João a ama).
34) Ambiguidade de escopo (sujeito plural ou distributivo).
35) Ambiguidade lexical (*por* pode ser interpretada tanto como em minha intenção como em meu lugar).
36) Ambiguidade lexical (*cola*: material para colagem ou "lembrete" para os alunos).
37) Atribuição de papéis temáticos (agente ou paciente).
38) Ambiguidade lexical: o conectivo *ou* pode ter uma leitura exclusiva ou inclusiva: ou se pode entender que a escolha será apenas uma das opções, ou se pode entender que as duas serão possíveis. É perfeitamente possível uma resposta como *os dois falam francês, o João e a Maria*.
39) Ambiguidade de escopo. Nenhum aluno fez a prova ou nem todos os alunos fizeram a prova.
40) Atribuição de papéis temáticos (agente ou paciente).

Referência e sentido

Exercícios – Referência

I. *O cachorro do vizinho é muito bravo.* A referência é a entidade apontada no mundo por uma expressão linguística. Neste exemplo, a referência é o próprio cachorro do vizinho, quando apontado pela expressão linguística *o cachorro do vizinho*.

II. O sintagma nominal pode se referir a um indivíduo no mundo. O sintagma verbal pode se referir a uma classe de indivíduos. As sentenças podem se referir ao seu valor de verdade, ou seja, se ela é verdadeira ou falsa. Os exemplos são variados, dados pelo próprio aluno.

III.
1) A referência deste sintagma nominal definido é a própria mulher apontada no contexto.
2) A referência desta sentença é o seu valor de verdade no mundo; se realmente existe um Pavarotti e ele é italiano, então a referência desta sentença é verdadeira.
3) A referência deste sintagma verbal é a classe de pessoas que são inglesas no mundo.
4) A referência deste sintagma nominal definido é uma classe nula, pois não temos referentes para este sintagma.
5) A referência deste sintagma nominal definido é o objeto saudade, em um mundo abstrato.
6) No atual contexto, a referência desta sentença é o seu valor de verdade: falso.
7) A referência deste sintagma nominal definido é o próprio indivíduo Pelé, apontado no mundo.
8) A referência deste sintagma verbal é a classe das pessoas amáveis no mundo.
9) A referência deste sintagma nominal definido é a própria moça que escreveu o poema mais lindo da escola.
10) A referência deste sintagma nominal é o indivíduo 'Chomsky' no mundo.

IV.
1) *João*: referência singular definida.
2) *Nós*: referência singular definida; *Semântica*: referência singular definida. São dois sintagmas com a mesma natureza.
3) *Aquela moça ali*: referência singular definida.
4) *O cachorro*: referência genérica.
5) *Os alunos*: se forem interpretados como cada um dos alunos, a referência é geral distributiva, mas se forem interpretados como o grupo de alunos, a referência é geral coletiva; *seis sanduíches*: referência singular definida.
6) *João*: referência singular definida; *um tenista brasileiro*: sintagma nominal indefinido não referenciado.
7) *Eu*: referência singular definida; *um sino*: referência indefinida específica, se referir a um "sino específico", ou referência indefinida não específica, se referir a "qualquer sino".
8) *Eu*: referência singular definida; *Semântica*: referência singular definida.

9) *Aquele homem de barba azul, barrigudo*: referência singular definida.
10) *Os estudantes*: se forem interpretados como cada um dos estudantes, a referência é geral distributiva, mas se forem interpretados como o grupo de estudantes, a referência é geral coletiva; *a sala*: referência de sintagma nominal definido.

v.

(a) Palavras como os nomes abstratos (*amor, dor, psicologia*), as preposições (*em, de, com*) e as conjunções (*e, ou, que*), por exemplo, não parecem ter referentes, mas certamente são dotadas de algum significado; (b) expressões referenciais como *bicho-papão, unicórnio* e *o primeiro homem a pisar em Plutão* também não apontam para referentes no mundo e inviabilizam, portanto, uma teoria do significado baseada exclusivamente em referência; (c) análise de substantivos comuns, que se referem a um conjunto de objetos; (d) enfim, os nomes próprios, caso paradigmático da referência, apresentam uma correspondência um a um entre palavra e objeto, mas são incapazes de denotar algum significado.

Exercícios – Sentido

i. A referência é o objeto alcançado no mundo através de uma expressão linguística, em um determinado contexto. O sentido é o modo pelo qual a referência pode ser apresentada. A referência é dependente do contexto e o sentido é objetivo, único.

ii. Respostas variáveis.

iii. Se analisarmos os significados das sentenças (a) e (b) somente pela ótica da referência, teríamos o mesmo significado para as duas, pois as expressões *o jogador de futebol Pelé* e *o rei do futebol* têm a mesma referência no mundo. Ou seja, se atribuirmos um valor x para as duas sentenças, teremos $x = x$ para a sentença (a) e (b). No entanto, como falantes do português, sabemos que (a) e (b) não têm o mesmo significado. A sentença (b) passa uma informação sobre o mundo, enquanto a (a) não traz nenhuma informação nova a respeito do mundo, apesar de ser uma sentença boa gramaticalmente.

Para podermos captar a diferença entre (a) e (b), temos que lançar mão do sentido das sentenças. Veja que em (a) temos que *o jogador de futebol Pelé* tem a referência x, e vamos estabelecer que seu sentido, ou seja, o conceito do que seja um jogador de futebol, será y. Como o sujeito da sentença, que é a mesma expressão do complemento, se equivale ao complemento por uma relação de igualdade, através do verbo *ser*, temos então: $xy = xy$. O que significa dizer que uma expressão é igual a ela mesma, não passando nenhuma informação nova.

Para a sentença (b), temos que a referência é x para as duas expressões *o jogador de futebol Pelé* e *o rei do futebol*. O sentido da primeira é y, como já foi estabelecido para (a). O sentido da segunda expressão será o conceito que temos do que seja *o rei do futebol*, ao que chamaremos de z. Portanto, através do verbo *ser*, que estabelece a equivalência entre o sujeito da sentença e o objeto da sentença, temos a seguinte equação: $xy = xz$. O que significa dizer que temos dois modos diferentes de falar sobre um mesmo objeto no mundo.

IV. O Princípio de Composicionalidade de Frege diz que o valor de verdade de uma sentença complexa é função exclusiva dos valores de verdade das partes que a compõem:
   a. O pai da Maria é médico.
   b. O pai da Maria trabalha muito.
   c. O pai da Maria é médico e trabalha muito.
   Se (a) tem como referência a verdade no mundo, ou seja, é uma sentença verdadeira, e (b) também tem a mesma referência no mundo, ou seja, é uma sentença verdadeira, pode-se afirmar que (c) é verdadeira.

V. Porque com sentenças que falam sobre crenças individuais, ou seja, sentenças intensionais, não se pode aplicar o Princípio de Composicionalidade de Frege. Não podemos substituir as expressões que tenham a mesma referência sem que seja alterado o valor de verdade das sentenças. Realmente não podemos dizer que se a sentença (b) é verdadeira, a (c) também o será, pois o João pode não saber que a dona do restaurante e a mãe do José são a mesma pessoa.

VI. A referência indireta é inerente a todas as sentenças intensionais e se refere ao sentido das sentenças, não às referências que apontam para o mundo. A substituição nesses casos é possível se substituirmos as expressões por outras de mesmo sentido, e não de mesma referência, como se dá com as sentenças extensionais. Sabendo-se que o diretor da escola é o vizinho do seu irmão, analisemos as sentenças:
   a. O Paulo supõe que o diretor da escola é dinâmico.
   b. O Paulo supõe que o vizinho de seu irmão é dinâmico.
   c. O Paulo supõe que a pessoa que administra a escola é dinâmica.
   Não se pode substituir (a) por (b), porque, apesar de *o diretor da escola* e *o vizinho do seu irmão*, neste caso, terem a mesma referência, não se pode afirmar que a verdade de (b) decorre da verdade de (a), pois Paulo pode não saber que o diretor da escola e o vizinho do seu irmão são a mesma pessoa. Mas se substituirmos a expressão *diretor da escola* por *pessoa que administra a escola*, a verdade da sentença (a) não se altera, pois as duas expressões têm o mesmo sentido, ou seja, são sinônimas, e necessariamente a verdade de (c) decorre da verdade de (a).

Papéis temáticos

Exercícios – Tipos de papéis temáticos

I.
   1) Agente
   2) Paciente
   3) Experienciador
   4) Beneficiário
   5) Objeto estativo
   6) Paciente
   7) Tema

8) Fonte
9) Fonte
10) Alvo
11) Tema
12) Locativo
13) Causa
14) Agente
15) Experienciador

Exercícios – Problemas com as definições de papéis temáticos

I. Respostas variáveis.

II. Respostas variáveis.

Exercícios – Papéis temáticos e posições sintáticas

I. Respostas variáveis.

Exercícios – Estrutura argumental dos verbos

I.
1) comprar: {Agente, Tema, Fonte, Valor}
2) receber: {Beneficiário, Tema, Fonte}
3) dar: {Agente, Tema, Alvo}
4) amar: {Experienciador, Objeto estativo}
5) preocupar: {Causa, Experienciador}
6) por: {Agente, Tema, Locativo}
7) desmoronamento: {Paciente}
8) vaidoso: {Objeto estativo}
9) sobre: {Locativo} ou {Objeto estativo}
10) diversão: {Experienciador}

Exercícios – Motivação empírica para o estudo dos papéis temáticos

I.
1) Não é possível construir a ergativa e a passiva a partir de (1). Tomando-se a restrição de que "o complemento do verbo deve apresentar o papel temático de paciente para que se possa ter uma ergativa correspondente", vê-se que, em (1), o argumento *uma casa* não apresenta tal papel temático. Para a passiva, se observada a restrição "toda sentença cujo sujeito tem como acarretamento a propriedade semântica do controle ou o desencadeamento direto

aceita a propriedade sintática da passivização", tem-se que o argumento *o João* é desprovido de tal propriedade e, portanto, impede uma construção passiva correspondente.
2) Não é possível construir a ergativa correspondente, porque o argumento interno *os filhos* não recebe o papel temático de paciente. Nesse caso, o papel temático do argumento interno se relaciona mais com o sentido de que "algo não existia e passou a existir". Passiva: *Os filhos de Maria foram tidos em uma manjedoura*. Nesse caso, o argumento externo Maria apresenta a propriedade semântica do controle.
3) Não é possível construir a ergativa correspondente, porque o argumento interno *uma casa* não recebe o papel temático de paciente. Passiva: *Uma casa foi vendida por João*.
4) Ergativa: *Maria se preocupou*. Não é possível construir a passiva correspondente, porque o argumento externo *João* não apresenta a propriedade semântica do controle.
5) Ergativa: *Maria se assustou*. Passiva: *Maria foi assustada por João*.

Protótipos e metáforas

Exercícios – Protótipos

I.
1) *Veículo*
   Condições necessárias e suficientes:
   - é móvel;
   - transporta pessoas e coisas;
   - tem rodas;
   - tem formato de continente.
   Falhas das condições:
   - navio é veículo e não tem rodas;
   - bicicleta e moto não têm formato de continente.

2) *Casa*
   Condições necessárias e suficientes:
   - lugar de morar;
   - tem interior e limite;
   - abriga coisas e pessoas.
   Falhas das condições:
   - uma casa abandonada continua sendo casa apesar de não abrigar nada.

3) *Trabalho*
   Condições necessárias e suficientes:
   - é uma atividade humana;
   - é obrigação, dever;
   - é remunerado;
   Falhas das condições:

- as formiguinhas não são humanas e realizam algum tipo de trabalho;
- o trabalho escravo e o voluntário não são remunerados;
- há várias outras atividades (por exemplo, as escolares) que são chamadas de trabalho, mas não são remuneradas.

4) *Livro*
Condições necessárias e suficientes:
- traz informações;
- é de papel;
- é impresso;
- é vendido.
Falhas das condições:
- pode ser um livro virtual ou pode ser distribuído, e não vendido.

II.
1) O protótipo de *veículo* é um carro; um elemento mais periférico nessa categoria seria uma moto, e ainda mais periférico, um foguete.
2) O protótipo de *casa* é uma estrutura tipo um paralelepípedo oco, com telhado, portas e janelas; um iglu ficaria mais na periferia dessa categoria.
3) O protótipo de *trabalho* é uma atividade exercida fora de casa, para onde se vai pela manhã e se volta à tarde, usando trajes específicos; a rotina de um atleta focaria mais a periferia de *trabalho*.
4) O protótipo de *livro* é trazer informações, ser de papel, ser impresso e ser vendido.

Exercícios – Metáforas

I. Respostas variáveis.

Exercícios – Polissemia

I. Respostas variáveis.

Atos de fala e implicaturas conversacionais

Exercícios – Teoria dos atos de fala

I.
1) Pedir licença.
2) Pedir um favor.
3) Pedir perdão.

4) Chamar a atenção de alguém.
5) Ameaçar.

II.
1) Apresenta uso performativo. Inserindo-se a expressão *por meio destas palavras*, confirma-se o uso performativo do verbo *garantir*: *Por meio destas palavras, eu garanto sua vaga até que você me entregue os documentos.*
2) Não apresenta uso performativo.
3) Apresenta uso performativo: *Por meio destas palavras, eu o indico para o cargo de assessor.*
4) Apresenta uso performativo: *Por meio destas palavras, eu o desculpo pela sua falha.*
5) Não apresenta uso performativo.
6) Não apresenta uso performativo.
7) Apresenta uso performativo: *Por meio destas palavras, eu os aviso sobre a reunião de amanhã.*
8) Apresenta uso performativo: *Por meio destas palavras, eu concordo com a argumentação do vereador.*
9) Não apresenta uso performativo.
10) Apresenta uso performativo: *Por meio destas palavras, eu discordo da argumentação do vereador.*

III.
1) Tem de haver uma pessoa que faça a promessa, a qual tem de ter em vista um projeto futuro (a promessa).
2) Tem de haver pelo menos uma pessoa que peça desculpas para o proferidor, o qual deve aceitar o pedido.
3) O proferidor tem de estar chegando a um encontro (marcado ou acidental) com uma ou mais outras pessoas.
4) O proferidor tem de ter algum poder sobre o objeto/pessoa ao qual nomeia.
5) Tem de existir ao menos um motivo pelo qual ao menos uma pessoa ficou inconformada.

Exercícios – Implicaturas conversacionais

I.
1) *O tráfico* se liga anaforicamente a *aquela avenida*. O artigo definido *o* sugere que o que vem depois dele já foi mencionado. Assim, para que ambas as sentenças façam parte de um mesmo contexto, só se pode ligar o artigo *o* a *aquela avenida*.
2) Para que as sentenças façam sentido em um mesmo contexto, *isso* só pode ser ligado a todos os fatos mencionados na frase anterior.
3) O artigo *o* retoma algo dito anteriormente. Os SNs *o filhote* e *um filhote*, para fazerem parte de um mesmo contexto, são ligados a uma mesma referência.

II.
1) Implicatura: B não irá jantar na casa de A. Máxima de relevância.
2) Implicatura: B não imprimiu todas. Máxima de quantidade.
3) Implicatura: A estudou antes de casar. Máxima de modo.
4) Implicatura: B quebrou o vidro. Máxima de quantidade.
5) Implicatura: É fato que a pessoa é formada em Letras. Máxima de qualidade.

III.
1) Máxima de quantidade: B não deu a informação suficiente que A esperava.
2) Máxima de modo: B explicita as letras, talvez para não ser entendido por outra pessoa.
3) Máxima da qualidade: A usa uma metáfora.
4) Máxima de quantidade: B usa uma tautologia para passar uma informação de que na guerra tudo é válido.
5) Máxima de modo: B usa outra maneira de falar a mesma coisa, fazendo A entender que a pessoa em questão não era uma boa cantora.

IV. Respostas variáveis.

V. Respostas variáveis.

Bibliografia

ALLAN, K. *Linguistic Meaning*. London: Routledge & Kegan Paul, 2 v., 1986.
ANDERSON, M. *Noun Phrase Structure*. PhD dissertation. University of Connecticut, 1979.
AUSTIN, J. L. Locutinary, Illocutionary, Perlocutionary. In: HARNISH, R. (org.). *Basic Topics in the Philosophy of Language*. New Jersey: Prentice Hall, 1994 [1962], p. 30-9.
BARWISE, J.; PERRY, J. *Situations and Attitudes*. Cambridge: The MIT Press, 1983.
BENVENISTE, E. *Problemas de linguística geral*. São Paulo: Nacional, 1976.
BRESNAN, J.; KANERVA, J. Locative Inversion in Chichewa: A Case Study of Factorization in Grammar. *Linguistic Inquiry*, v. 20, 1989, p. 1-5.
BRUGMAN, C.; LAKOFF, G. Cognitive Topology and Lexical Networks. In: SMALL, S.; COTTRELL, G.; TANENHAUS, M. (orgs.). *Lexical Ambiguity Resolutions:* Perspectives from Psycholinguistics, Neuropsychology and Artificial Intelligence. San Mateo, California: Morgan Kaufmann, 1988.
CAMÕES, L. *Lírica*. Seleção, prefácio e notas de Massaud Moisés. São Paulo: Cultrix, 1984.
CANÇADO, M. Curso de introdução à semântica. Universidade Federal de Minas Gerais, 1999 (mimeo).
_____; FRANCHI, C. Exceptional Binding with Psych-Verbs? *Linguistic Inquiry*, Massachusetts, v. 30, n. 1, 1999, p. 133-43.
_____. (org.). Predicação, relações semânticas e papéis temáticos: anotações de Carlos Franchi. *Revista de Estudos da Linguagem*, v. 11, n. 2, 2003.
_____. Posições argumentais e propriedades semânticas. *DELTA*, São Paulo, v. 21, n. 1, p 23-56, 2005.
_____. *Manual de semântica*: noções básicas e exercícios. 2ª ed. rev. Belo Horizonte: Editora UFMG, 2008.
_____. Argumentos: complementos e adjuntos. *ALFA*, v. 53, n. 1, 2009, p. 35-59.
CANN, R. *Formal Semantics*. Cambridge: Cambridge University Press, 1993.
CARNAP, R. *Meaning and Necessity*. Chicago: Chicago University Press, 1947.
CARRIER-DUNCAN, J. Linking of Thematic Roles in Derivational Word Formation. *Linguistic Inquiry*, v. 16, 1985, p. 1-34.
CHAFE, W. *Meaning and the Structure of Language*. Chicago: Chicago University Press, 1970.
CHIERCHIA, G. *Semântica*. Trad. L. Pagani, L. Negri e R. Ilari. Campinas: Editora da Unicamp/Londrina: Eduel, 2003.
_____; McCONNELL-GINET, S. *Meaning and Grammar:* An Introduction to Semantics. Cambridge: The MIT Press, 1990.
CHOMSKY, N. *Aspects of the Theory of Syntax*. Cambridge: The MIT Press, 1965.
_____. *Syntactic Structures*. Mouton: The Hague, 1975.
_____. *Lectures on Government and Binding*. Dordrecht: Foris, 1981.
_____. *Language and Problems of Knowledge*. Cambridge: The MIT Press, 1988.
CINQUE, G. On Extraction from NP in Italian. *Journal of Italian Linguistics*, v. 5, 1980, p. 47-99.
CLARK, H. Bridging. In: JOHNSON-LAIRD, P. N.; WASON, P. C. (orgs.). *Thinking:* Readings in Cognitive Science. Cambridge: Cambridge University Press, 1977, p. 411-20.
COMRIE, B. *Aspect*. Cambridge: Cambridge University Press, 1976.

CROFT, W. *Syntactic Categories and Grammatical Relations*: The Cognitive Organization of Information. Chicago: University of Chicago Press, 1991.

_____. *Radical Construction Grammar:* Syntactic Theory in Typological Perspective. Oxford: Oxford University Press, 2001.

CRUSE, D. A. *Lexical Semantics.* Cambridge: Cambridge University Press, 1986.

CRYSTAL, D. *Dicionário de linguística e fonética*. Trad. M. C. Pádua Dias. Rio de Janeiro: Jorge Zahar Editor, 1985.

DOWTY, D. *Word Meaning and Montague Grammar*. Dordrecht: D. Reidel, 1979.

_____. On the Semantic Content of the Notion of Thematic Role. In: CHIERCHIA, G.; PARTEE, B.; TURNER, R. (eds.). *Properties, Types and Meaning:* Studies in Linguistic and Philosophy. 2: Semantic Issues. Daordrecht: Kluver, 1989, p. 69-130.

_____. Thematic Proto-roles and Argument Selection. *Language*, v. 67, 1991, p. 547-619.

FAUCONNIER, G. *Mental Spaces*. Cambridge: The MIT Press, 1985.

_____. *Mental Spaces:* Aspects of Meaning Construction in Natural Language. Cambridge: Cambridge University Press, 1994.

FERRARI, L. *Introdução à linguística cognitiva*. São Paulo: Contexto, 2011.

FILLMORE, C. The Case for Case. In: BACH, E.; HARMS, R. (eds.). *Universals in Linguistic Theory*. New York: Holt, Rinnehart and Winston, 1968, p. 1-88.

_____. Some Problems for Case Grammar. *Monograph Series on Language and Linguistics*, v. 24, 1971.

_____. Towards a Descriptive Framework for Spatial Deixis. In: JARVELL, R. J.; KLEIN, W. (orgs.). *Speech, Place and Action: studies in deixis and related topics*. London: Wiley, 1982, p. 31-52.

FIRTH, J. Modes of Meaning. *Papers in Linguistics 1934-1951*. London: Oxford University Press, 1957.

FOLEY, W. A.; VAN VALIN JR., R. *Functional Syntax and Universal Grammar*. Cambridge: Cambridge University Press, 1984.

FRANCHI, C. Predicação. Manuscrito publicado em M. Cançado (org.). *Predicação, relações semânticas e papéis temáticos*: anotações de Carlos Franchi. *Revista de Estudos da Linguagem*, v. 11, n. 2, 2003 [1997], p. 17-81.

FRANCISCO. M. Trânsito para a semântica: resenha do livro *Manual de semântica* (M. Cançado, 2008). *Veredas on Line – Atemática*, v. 1, 2010, p. 135-8.

FREGE, G. Sobre o sentido e a referência. *Lógica e filosofia da linguagem*. São Paulo: Cultrix, 1978 [1892].

_____. On Sense and Reference. In: HARNISH, R. M. *Basics Topics in the Philosophy of Language*. New Jersey: Prentice Hall, 1994a [1892], p. 142-60.

_____. The Thought: A Logical Inquiry. In: HARNISH, R. M. *Basics Topics in the Philosophy of Language*. New Jersey: Prentice Hall, 1994b [1918], p. 517-35.

GIORGI, A.; LONGOBARDI, A. *The Syntax of Noun Phrases*. Cambridge: Cambridge University Press, 1991.

GIVÓN, T. *Syntax:* A Functional-Typological Introduction. v. 1 e 2. Amsterdam: John Benjamins, 1984.

GOLDBERG, A. *Constructions:* A Construction Grammar Approach to Argument Structure. Chicago: University of Chicago Press, 1995.

GRICE, P. Logic and Conversation. In: COLE, P.; MORGAN, J. (orgs.). *Syntax and Semantics*. Volume 3: Speech Acts. New York: Academic Press, 1975, p. 43-58.

_____. Further Notes on Logic and Conversation. In: COLE, P. (org.). *Syntax and Semantics*. Volume 9: Pragmatics. New York: Academic Press, 1978, p. 113-28.

_____. Meaning. In: HARNISH, R. M. *Basics Topics in the Philosophy of Language*. New Jersey: Prentice Hall, 1994, p. 21-9. [1957]

GRIMSHAW, J. *Argument Structure*. Cambridge: The MIT Press, 1990.

GRUBER, J. S. Studies in Lexical Relations. *Lexical Structures in Syntax and Semantics*. Amsterdam: North Holland, 1965.

_____. *Lexical Structures in Syntax and Semantics*. Amsterdam: North Holland, 1976.

HALLIDAY, M. A. K. Lexis as a Linguistic Level. In: BAZELL, C. E. et al. (orgs). *In Memory of J. R. Firth*. London: Longman, 1966.

_____. Notes on Transitivity and Theme in English. *Journal of Linguistics*, v. 2 e v. 3, 1967.

HARNISH, R. *Basic Topics in the Philosophy of Language*. New Jersey: Prentice Hall, 1994.

HEINE, B.; CLAUDI, U.; HÜNNEMEYER, F. *Grammaticalization:* A Conceptual Framework. Chicago: University of Chicago Press, 1991.

HERKOVITS, A. *Language and Spatial Cognition:* An Interdisciplinary Study of the Prepositions in English. Cambridge: Cambridge University Press, 1986.

HIGGINBOTHAM, J. On Semantics. *Linguistic Inquiry*, v. 16, 1985, p. 547-93.
HUDSON, R. Raising in Syntax, Semantics and Cognition. In: ROCCA, I. M. (ed.). *Thematic Structure:* Its Role in Grammar. New York: Foris, 1992, p. 175-98.
HURFORD, J.; HEASLEY, B. *Semantics:* A Coursebook. Cambridge: University Press, 1983.
ILARI, R. *Introdução à semântica:* brincando com a gramática. São Paulo: Contexto, 2001.
_____. *Introdução ao estudo do léxico:* brincando com as palavras. São Paulo: Contexto, 2002.
_____; GERALDI, J. W. *Semântica.* São Paulo: Ática, 1987.
JACKENDOFF, R. *Semantic Interpretation in Generative Grammar.* Cambridge: The MIT Press, 1972.
_____. *Semantics and Cognition.* Cambridge: The MIT Press, 1983.
_____. *Semantic Structures.* Cambridge: The MIT Press, 1990.
_____. *The Architecture of the Language Faculty.* Cambridge: The MIT Press, 1997.
_____. *Foundations of Language.* New York: Oxford University Press, 2002.
JOHNSON, M. *The Body in the Mind:* The Bodily Basis of Meaning, Imagination and Reason. Chicago: University of Chicago Press, 1987.
_____. *Moral Imagination:* Implications of Cognitive Science for Ethics. Chicago: University of Chicago Press, 1993.
KEMPSON, R. *Semantic Theory.* Cambridge: Cambridge University Press, 1977.
KRIPKE, S. A Puzzle about Belief. In: HARNISH, R. M. *Basics Topics in the Philosophy of Language.* New Jersey: Prentice Hall, 1994. [1979]
_____. *Naming and Necessity.* Oxford: Blackwell, 1980.
LABOV, W. The Boundaries of Words and their Meanings. In: BAILEY, C. J. N.; SHUY, R. W. (orgs.). *New Ways of Analyzing Variation in English.* Washington: Georgetown University Press, 1973, p. 340-73.
LAKOFF, G. On Generative Semantics. In: STEINBERG, D.; JAKOBOVISTS, L. (eds.). *Semantics:* An Interdisciplinary Reader. New York: Cambridge University Press, 1971, p. 232-96.
_____; JOHNSON, M. *Metaphors We Live By.* Chicago: University of Chicago Press, 1980.
_____. *Women, Fire and Dangerous Things:* What Categories Reveal about the Mind. Chicago: University of Chicago Press, 1987.
_____; TURNER, M. *More than Cool Reason:* A Field Guide to Poetic Metaphor. Chicago: University of Chicago Press, 1989.
_____; JOHNSON, M. *Metáforas da vida cotidiana.* Trad. Mara Sophia Zanotto e Vera Maluf. Campinas: Educ Mercado de Letras, 2002.
LANGACKER, R. *Foundations of Cognitive Grammar.* Stanford: Stanford University Press, 1987.
_____; CASSAD, E. "Inside" and "outside" in Cora Grammar. *International Journal of American Linguistics*, v. 51, 1985, p. 247-81. Reeditado em: LANGACKER, R. *Concept, Image and Symbol:* The Cognitive Basis of Grammar. Berlin: Mouton de Gruyter, 1990, p. 33-57.
LARSON, R.; SEGAL, G. *Knowledge of Meaning:* An Introduction to Semantic Theory. Cambridge: The MIT Press, 1995.
LEECH, G. *Semantics.* Harmondsworth: Penguin, 1981.
LEVIN, B. *Towards a Lexical Organization of English Verbs.* Evanston: Northwestern University, 1989.
_____.; RAPAPPORT, M. *Unaccusativity at the Syntax-Lexical Semantics Interface.* Cambridge: The MIT Press, 1995.
LEVINSON, S. *Pragmatics.* Cambridge: Cambridge University Press, 1983.
_____. *Pragmática.* Trad. Luís Carlos Borges e Aníbal Mari. São Paulo: Martins Fontes, 2007.
LEWIS, D. Scorekeeping in a Language Game. *Journal of Philosophical Logic*, v. 8, 1979, p. 339-59.
LOPES, M. *A prosódia da frase alternativa na fala de crianças.* Belo Horizonte, 2001. Dissertação (mestrado em Estudos Linguísticos), Universidade Federal de Minas Gerais.
LYONS, J. *Structural Semantics.* Oxford: Blackwell, 1963.
_____. *Semantics.* Cambridge: Cambridge University Press, 2 v., 1977.
MCCAWLEY, J. Meaning and the Description of Languages. In: ROSENBERG, J.; TRAVIS, C. (orgs.). *Reading in the Philosophy of Language.* Englewood Cliffs, New Jersey: Prentice Hall, 1971, p. 514-33.
MEDIN, D.; ROSS, B. *Cognitive Psychology.* San Diego: Harcourt Brace Jovanovich, 1992.
MEY, J. *Pragamatics:* An Introduction. Oxford: Blackwell, 1993.
MIOTO, C.; SILVA, M. C.; LOPES, R. *Novo manual de sintaxe.* 3. ed. Florianópolis: Insular, 2007.

MÜLLER, A. L. A semântica do sintagma nominal. In: MÜLLER, A. L.; NEGRÃO, E. U.; FOLTRAN, M. J. (orgs.). *Semântica formal*. São Paulo: Contexto, 2003, p. 61-73.
MÜLLER, A. L.; VIOTTI, E. Semântica formal. In: FIORIN, J. L. *Introdução à linguística*. II. Princípios de Análise. São Paulo: Contexto, 2001, p. 137-59.
PAGANI, L. A. Alternativas para explicar ambiguidade. Curitiba: UFPR, 2009 (mimeo).
PERINI, M. A. Sobre o conceito de "item léxico": uma proposta radical. *Palavra*, n. 5, v. temático I, 1999, p. 140-63.
PIRES DE OLIVEIRA, R. *Semântica formal:* uma breve introdução. Campinas: Mercado de Letras, 2001.
PUSTEJOVSKY, J. *The Generative Lexicon*. Cambridge: The MIT Press, 1995.
PUTNAM, H. The Meaning of "Meaning". In: HARNISH, R. M. *Basics Topics in the Philosophy of Language*. New Jersey: Prentice Hall, 1994 [1975], p. 221-74.
QUINE, W. Referential Opacity. In: HARNISH, R. M. *Basics Topics in the Philosophy of Language*. New Jersey: Prentice Hall, 1994 [1960], p. 338-51.
RAPOSO, E. *Teoria da gramática:* a faculdade da linguagem. Lisboa: Editorial Caminho, 1995.
RICHARDS, I. *The Philosophy of Rhetoric*. London: Oxford University Press, 1936.
ROSCH, E. Natural Categories. *Cognitive Psychology*, v. 4, 1973, p. 328-50.
_____. Cognitive Reference Points. *Cognitive Psychology*, v. 7, 1975, p. 532-47.
SAEED, J. *Semantics*. Cambridge: Blackwell, 1997.
SAUSSURRE, F. de. *Curso de linguística geral*. São Paulo: Cultrix, 1981 [1916].
SEARLE, J. *Speech Acts*. Cambridge: Cambridge University Press, 1969.
SMITH, E.; MEDIN, D. *Categories and Concepts*. Cambridge: Harvard University Press, 1981.
SPERBER, D.; WILSON, D. *Relevance:* Communication and Cognition. 2. ed. Oxford: Blackwell, 1995.
STEINBERG, D.; JAKOBOVISTS, L. (eds.). *Semantics:* An Interdisciplinary Reader. New York: Cambridge University Press, 1971.
STALNAKER, R. Pragmatic Presuppositions. In: MUNITZ, M.; UNGER, P. (orgs.) *Semantics and Philosophy*. New York: New York University Press, 1974, p. 197-213.
SWEETSER, E. *From Etymology to Pragmatics*. Cambridge: Cambridge University Press, 1990.
TESNIÈRE, L. *Eléments de syntaxe structurale*. Paris: Klincksieck, 1959.
TURNER, M. *Death is the Mother of Beauty:* Mind, Metaphor Criticism. Chicago: University of Chicago Press, 1987.
VAN VALIN JR., R. D. *Exploring the Syntax-Semantics Interface*. Cambridge: Cambridge University Press, 2005.
_____.; LAPOLLA, R. *Syntax*: Structure, Meaning and Function. Cambridge: Cambridge University Press, 1997.
VANDELOISE, C. *Spatial Prepositions:* A Case Study from French. Chicago: University of Chicago Press, 1991.
VENDLER, Z. *Linguistics in Philosophy*. Ithaca: Cornell University Press, 1967.
WHITAKER-FRANCHI, R. *As construções ergativas: um estudo semântico e sintático*. Campinas, 1989. Dissertação (Mestrado em Linguística) – Universidade Estadual de Campinas.
WUNDERLICH, D. Lexical Decomposition. In: HINZEN, W., MACHERY, E.; WERNING, M. (eds.). *The Oxford Handbook of Compositionality*. Oxford: Oxford University Press, 2009.
YULE, G. *Pragmatics*. Oxford: Oxford University Press, 1996.

A autora

Márcia Cançado é doutora em Linguística pela Universidade Estadual de Campinas – Unicamp (1995). Fez pós-doutoramento no Departamento de Linguística da Rutgers University (EUA, 2001/2002) e no Departamento de Linguística da Universidade de São Paulo – USP (2009/2010). É professora de Linguística, mais especificamente das áreas de Sintaxe, Semântica e Pragmática, na Faculdade de Letras da Universidade Federal de Minas Gerais – UFMG – desde 1995. Desenvolve pesquisa na interface Sintaxe/Semântica Lexical, tendo publicado, sobre o tema, capítulos de livros, artigos em periódicos nacionais e internacionais de Linguística, e tendo orientado monografias, dissertações e teses na área.

GRÁFICA PAYM
Tel. [11] 4392-3344
paym@graficapaym.com.br